中国人民大学书报资料中心重要转载来源

CHINA TOURISM REVIEW 2022. NO.1

中国旅游评论：

2022第一辑

中国旅游研究院　主编

中国旅游出版社

目 录

文化和旅游融合发展研究

文化和旅游高质量融合发展的体制机制创新研究

为旅游赋能思想，给文化市场力量

——在《文化和旅游高质量融合发展的体制机制创新研究》开题会上的讲话

戴　斌[*]

（中国旅游研究院，北京 100005）

这是研究院获得的第二个国家哲学社会科学基金重大项目。项目开始申报的时候，我就和子千、晓云、仲广等同志说，这个项目不是哪个人的项目，而是研究院的项目，也是学术共同体回答时代之问的大考题。现行的课题管理体制要求有人牵头申报，我的定位是重大课题的组织者和主创者，同志们则是在一个共同目标下的集体行动者，千万不能搞成高校那种导师拿来课题，同门的博士和硕士分头承包的打工模式。关于研究目标，申报的本子上有明确的阐述，现在看来，只是最低目标。集中两家国字号机构的学术资源，当有更远大的志向，决不能只满足于发几篇 C 刊论文、出一本专稿、写几份报告获得领导的批示，到时按期结项，在自己的学术履历上多那么一栏。听了各子课题负责同志的发言，很受启发，对开展好下一步的工作也很有信心。子千、晓云和仲广同志都谈了很好的意见，我都同意。下面就如何有效开展文化和旅游融合发展的

* 本文为研究阐释党的十九届四中全会精神国家社会科学基金重大项目《文化和旅游高质量融合发展的体制机制创新研究》首席专家戴斌 2020 年 5 月 25 日在项目开题会上的讲话。

学术研究、理论建设和工作组织谈几点意见，供同志们参考。

一、将文化和旅游融合发展作为大众旅游走向小康旅游的转折点和过渡环节，努力构建中国特色、中国气派、中国风格的当代旅游发展理论

20世纪80年代，我们开始发展入境为主、创汇导向的旅游业。市场是现成的，欧美日韩等发达国家、中国港澳台地区和华人华侨要来中国大陆、中国内地看一看的愿望是如此强烈，几乎可以坐享开放的红利。要不要发展的战略决心是中央下的，邓小平同志1979年会见泛美航空董事长西威尔先生，和在座的民航、旅游部门的负责同志们说：旅游业要突出地搞，加快地搞。当年7月，老人家登黄山，发表了著名的“黄山谈话”，后来还给广州的花园酒店题写了店名。可以说，旅游业发展一起步，就是与国家战略紧密相连。在上述背景下，中国社会科学院的孙尚清先生牵头，集中了学术界和政府部门的力量，做了高质量的国家社科基金课题，提出了“政府主导、适度超前”的发展战略，指导了旅游业发展很长时间，也是一代学人的高光时刻。1989年政治风波，旅游业第一次显现了其脆弱性，后面虽然有所恢复，但是“黄金十年”已经过去了。1997年，“亚洲金融危机”为入境旅游时代画上了句号，那个时代的辉煌再也不可能回来了。随之远去的还有传统的理论研究范式：中央定下发展的基调，理论界谋划路线图和时间表，通过文件转化为国家意志后，政府动员社会力量加以落实。1999年10月，“国庆黄金周”标志着以国民消费为基础的大众旅游时代拉开了历史帷幕，过去20年都处于这个时代的初级阶段。这个阶段从实践的意义上看，有两个特征：一个是需求的视角，就是大基数、稳增长、低消费，2019年的国内旅游市场规模已经超过了60亿人次，但是人均每次的旅游消费还不到1000元，人均旅游时间还不到8天。另一个是供给的视角，中央、地方、集体、民营和外资“五个一起上”，加上这些年的“大众创业、万众创新”，旅游市场主体规模空前扩大，仅注册的旅行社就有3.8万家，持证导游70万名。但是总体而言，企业的竞争力、创新力，特别是抗风险和可持续发展的能力还很弱，这次疫情期间就暴露了很多问题，搞不好，我们很可能就会了落入“大众旅游初级阶段陷阱”。

2018年4月，随着文化和旅游部的组建，“诗和远方”在一起了，文化和旅游融合发展一时成为网络热词。一时间，媒体、专家、学者和社会各界纷纷发表观点和意见。注意，我说的是“观点和

意见”，而不是“理论”，如诗与远方为什么要在一起，如何在一起，在一起要做什么等学理性问题，并没有得到深入探讨。似乎就是看了《美女与野兽》《青蛙王子》之类童话剧，“从此王子和公主过上了幸福生活”，可是经济不是童话啊！回头看这两年，网上文字更多是网络写手和行业专家的声音，学者呢？有意无意中缺席了。“有意”是指学术研究与现实热点要保持必要的距离，学者可以借助大众传媒传播观点，但是不能都奔着“网红”去。“无意”则是旅游学术界以发表论文为导向，自我精英化，与政商两界既缺乏对话的渠道，也缺乏理论建构的资源和互动对话的底气。一段时间以来，意见代替了观点，观点代替了命题，命题代替了理论，写手成了专家，专家则以学者和理论家的身份向业界言说。规范严谨的理论建设成了舆论主导的名利场，不管是传统媒体还是自媒体，有热点了，一哄而上，新的热点来了，又一哄而去。

事情正在起变化，理论终究要回到与实践互动的应有轨道上去。写稿写累了，夜深人静时分，很是喜欢读丰子恺先生“人散后，一钩新月天如水”那幅画，不是繁华终将逝去的悲凉，而是热闹散去、学问上场的喜悦。两年前，我们组织专门力量写了三份特别报告《美好生活是文化建设和旅游发展的共同目标》《市场主体是文化和旅游融合发展的突破口》《大数据是文化和旅游融合发展的底层器件》，初步回答了文化和旅游融合发展“为什么、依靠谁、做什么”等基本理论问题。沿着这个方向，过去两年我们通过《旅游内参》（含特别报告）《中国旅游大数据》等内刊、《中国旅游评论》和微信公众号、服务号等平台，以及专项课题、演讲、会议、采访等渠道，回答了融合发展过程中的一些现实问题，也取得了一些研究成果。现在看来，还不够系统、不够深入，特别是在讲好文化和旅游融合发展的中国故事所需要的学理哲理道理方面还要下更多的功夫。

2020 年 5 月 19 日，我在浙江台州首次提出小康旅游的概念，以及“跨越大众旅游初级阶段陷阱，走向小康旅游的高质量发展新阶段”的论断。谈不上理论，只是对旅游市场和产业实践观察思考的初步结论，还需要进一步学理化和体系化。学术研究和理论建设要说清楚小康旅游的内涵是什么，指导思想怎么确立，文化和旅游融合发展是如何链接大众旅游和小康旅游两个大的历史阶段的。当代旅游发展理论的建设过程，也是旅游业发展实践紧密互动，通过思想赋能和价值引领，推进旅游业高质量发展的过程。学术研究要能够提出当代旅游发展进程和现状的解释框架，也要敢于和善于提出未来的发展方向，并尽可能付诸行动。

二、强化研究基础，提升实践指导能力，在文化和旅游部党组的领导下，独立自主地推动旅游业创新发展

回过头看过去12年走过的发展历程，之所以能够得到系统和行业的一些认可，就是我们坚持做大众旅游时代的思想者、旅游产业的同行者和旅游发展理论的建构者，在原国家旅游局、文化和旅游部党组的领导下，努力成为推动国家旅游业发展和国际交流合作的独立力量。这并不是一条容易走，更不容易走成功的道路啊，同志们。

我们应当，也可以成为高水平的旅游研究团队，既要出学术成果，也要出理论成果。在过去12年的建党纪念日主题活动中，我多次就学术思想、发展理论、学术成果、青年人才培养等主题做了专题发言。同志们都是高校和科研院所培养出来的高学历人才，但是我们的价值取向和成果衡量标准又有别于高校和科研院所。传统的旅游学术成果多以专著、论文、教材为载体，以解释世界为导向的，学者和研究人员是要出名的。当代旅游发展理论则是内参、专报、数据报告、内部研讨和公开演讲为表现形式，以促进国民旅游权利的实现和产业高质量发展为导向。在这个体系中，学者和研究人员可能是需要藏名的。当然，我们不排斥在课题展开的过程中，出一些学术成果，但更重要的是理论成果，为旅游赋能思想，给文化市场力量。这是宗旨和导向，不能不察也。

我们应当，也可以成为高素质的旅游宣传团队，既要向同行传播，也要向业界宣传文化和旅游融合发展的理论。一些相对成熟的阶段性成果，要有意识地发表和传播，自觉接受理论和实践两个方面的检验，不断地丰富和完善。在发表阵地和传统平台的选择上，不能自我封闭在传统学术的小圈子里。规范的学术论文，可以投稿给《旅游学刊》《旅游科学》，可以投给《经济研究》《文艺研究》等学术刊物。不那么学八股的文章呢，可以投给《学术前沿》《前线》等党内理论刊物和《中国旅游评论》。不适合公开发表的研究报告，则可以通过《旅游内参》《旅游内参·特别报告》《中国旅游大数据》向决策机关和应用机构报送。

我们应当，也可以成为高质量的旅游工作团队，既要落实党组的工作部署，也要独立开展面向未来的创新项目。哲学社会科学领域高水平的理论成果从来就不是关在书斋里苦思冥想出来的，而是市场一线和生产实践中干出来的。创造出来的理论成果水平高不高，也不是

提交结项报告后由同行评出来，而是通过实践检验加以证明，经由历史积淀而留存下来的。“两弹一星”的功勋科学家、“杂交水稻之父”袁隆平、青蒿素发现者屠呦呦，还有第一位获得“中国绿卡”的寒春，无不是把论文写在祖国的大地上，把科研成果应用于社会主义现代化建设的进程中。旅游领域的学术研究和理论建设，从一开始就不是，将来也不可能是为了个人的成名成家，而是用集体攻关的科研组织方式重点解决国家旅游发展进程中的重大课题和难点问题。理论建设和生产实践当然是有所分工的两个领域，有分工就有专业化，这是自然而然的事情。随着社会分工和专业分工的深化，让科研和理论工作可以在越来越细分的领域深化认识，生产理论并溢出知识。但是这不是我们“躲进小楼成一统，管他春夏与秋冬”的借口，希望同志们不要动不动就把“从理论上说如何如何”挂在嘴边，而是首先把自己看作实践一线的工作者。六年前，研究院启动“旅游思想者”项目，为什么要面向企业家？为什么用文言文写颁奖辞？是因为我们想以国字号的研究平台，以庄重典雅的文字，为那些愿意并能够为国民旅游权利而奋斗的企业家树碑立传，让千千万万的旅游从业者享有职业的尊严。两年前，研究院启动“亲子文旅实验室”项目，为什么选择一家动漫企业做合作伙伴？为什么不计回报地为企业站台？是因为我们想让文化领域的创作者看到旅游市场的消费潜力，让文化产业的投资者可以看到长期回报的广阔前景。假以时日，院司合作和持续互动完全可能培育出中国版的《芝麻街》，成为文化和旅游融合发展的经典项目。这些工作可能成不了所谓的学术论文，也没法计入某个级别的科研项目，可正是这些与市场一线紧密结合的会议、项目和作品，让我们找到了文化和旅游融合发展的现实可能。也只有做了这些工作，才会发自内心地认同“文之大者，为国为民”，学亦是。

上述经验是建院思想，也应是本重大项目展开过程中一以贯之的指导方针。请同志们认真体会，在理论学习、调查研究和报告撰写诸环节中加以贯彻。

三、积极探索党组认可、学界认同、行业满意的新时期哲学社会科学研究新范式和智库建设新模式

党和国家高度重视哲学社会科学研究和智库建设工作。2014 年 11 月 30 日，中共中央办公厅、国务院办公厅印发《关于加强中国特色新型智库建设的意见》，2015 年 11 月 9 月，中央全面深化改革领导小组第十八次会议通过《国家高端智库建设试点工作方案》，2020 年

2月14日，习近平总书记主持召开中央全面深化改革委员会第十二次会议，通过了《关于深入推进国家高端智库建设试点工作的意见》，强调指出：建设中国特色新型智库是党中央立足党和国家事业全局作出的重要部署，要精益求精、注重科学、讲求质量，切实提高服务决策的能力水平。中国特色的新型智库不同于西方国家为特定利益群体的代言者，也不是封建社会为帝王将相谋权术的策士，更不是什么师爷和门客，而是要在党的领导下，坚持以人民为中心，服务“两个一百年”的中国梦，提供高水平的资政建言成果。同时要有效引导舆论，开启民智，讲好新时期的中国故事。作为文化和旅游部直属的研究院和数据中心，当然是有中国特色的新型智库的有机组成部分，包括这次获得的国家社科重大课题的研究展开，都必须坚持服从并自觉服务于中央关于文化建设和旅游发展的战略部署。

同志们要系统学习习近平新时代中国特色社会主义思想，深刻领会习近平总书记关于文化事业、文化产业和旅游业的重要论述，贯彻落实习近平总书记关于文化和旅游工作的批示指示精神。哲学社会科学研究离不开立场、观点和方法的支撑，旅游理论同样如此。我们必须坚持党对哲学社会科学研究的绝对领导，而不是想研究什么就研究什么，想怎么发表就怎么发表，甚至以获得海外敌对势力的认可为志向。我们必须坚持以促进全体人民的文化权益和旅游权利为导向，而不是为了局部的、阶段性的目标为导向，更不能为特定利益集团所捕获，为了获得其经费资助背离以人民为中心的宗旨。我们必须围绕部党组的中心工作、服务文化和旅游融合高质量发展的大局，做旅游产业发展的坚定促进者，而不是为了博取个人的名声去带节奏，甚至不顾气节地哗众取宠。我们必须坚持理论联系实践，从实践中来，到实践中去，而不能动不动就搞“掉书袋”那样的文献综述，动不动就抬出西方某个学者怎么说的，某个国家怎么做的，一知半解、装腔作势、吓唬业者。我们还要坚持科学原理和数据支撑，强调有理有据、行稳致远，而不是张口就来，更不能为了迎合一人一事的需要而说些经不起实践的观点。在本课题研究展开的过程中，同志们要认真学习习近平新时代中国特色社会主义理论，把文化和旅游融合发展、高质量发展、改革与创新共同构成的当代旅游发展理论体系建立在科学的基石上，这样才能有高度的理论自觉和学术自觉，否则就可能偏离正确的方向。

同志们要到市场一线去，到产业一线去，倡导“灵活机动调查，深入细致的研究”。要下决心改造我们的学风、文风和作风。不要一谈文化，就是戏剧场的舞台艺术，就是博物馆、美术馆的陈列作品，就是诗歌、散文、小说、广播、电影、电视、曲艺。这些当然是文化的表现形式，也是文化工作的重要领域，更要看到“以文化人”价值追求和历史传统。习近平总书记不久前视察山西大同时指出：发展旅游要以保护为前提，不能过度商业化，让旅游成为人们感悟中华文化，增强文化自信的过程。读万卷书、行万里路，是中华民族的传统，也是增强国家认同，活化历史记忆的有效途径，而不仅是看看异国他乡的风景民俗这么简单。过去这些年，旅游业在市场化的道路上走得很远，取得了不少令人自豪的商业成就，而游客的不文明行为、市场宣传和商业实践中的“三俗”倾向也需要加以重视和反思。从社会主义核心价值观和国民素质提升的角度，再来看“以文促旅，以旅彰文”的提法，我们对文化和旅游融合发展的指导思想会有全新的理解。有了理论的自信，才会有行动的自觉，才可能把上网冲浪、休闲旅游、会议交流等日常活动看作企业访谈一样的调查研究，而且随机的调查和日常的研究更能够帮助我们找到理论建设的突破口。一旦有了想法，就要敢于，也要善于行动，在行动中研究，从而实现“行动、研究、再行动、再研究，直至完善”的预期目标。经过半年的调研谋划，我们和山西省文物部门联合发起成立一支文物保护和活化利用的公益基金。这是在文化和旅游融合发展研究前期成果指导下的实践项目，也是高质量发展体制机制创新研究的落地示范项目。不仅要举全院之力，而且要举全国旅游学术共同体和旅游商业共同体的力量做好这件既有理论意义，更有实践价值的事情。

同志们要加强与国际国内旅游、文化、经济、社会、科技等领域，加强与学界、业界和政界的广泛交流。现在的旅游学者有些封闭，总是在“放眼天下，舍我其谁”和“井底之蛙，一无是处”两个极端之间徘徊，要么瞧不起别人，要么瞧不起自己，长此以往，可怎么行！与同行交流，要有理论自信，还要有数据支撑。体制机制创新是为了促进文化和旅游融合高质量发展，也就是通过新机制、新动能让文化和旅游融合从较高的水平 A 走向更高的水平 A+，这就需要我们从质性和量化两个方面了解现在的 A 是什么状态。这个月初，我给博士生马晓芬同学布置一份作业，就是开发一套量表出来，分别从游客、业者和管理者的角度测算他们能够感受到的融合水平。这是课题展开的基础工作，请琼峰同志和数据所的同志一起努力，尽快完成量表设计和数据采集，我和课题组 6 月听取一次汇报，形成第一份成果《文化和旅游融合程度的量化测算和质性研判》（暂定）。同时请子千并政策与科教所的诸同志，对文化和旅游融合的文献进行再梳理、再研究，在评价和研判的基础上形成理论创新的可能路径和方法，一并在下个月的工作会议上讨论。内部研讨的机制要坚持下去，每次会议都要有记录，形成前些年编撰《当代旅游学》那样的《工作简报》，记录下我们走过的路和每位同志的学术贡献，也是对历史负责。这项工作请子千同志牵头，艳霞同志和晓芬同学负责。说到交流这件事，请不要局限于学界同行之间的交流，见面就谈理论、聊如何发表、如何写报告，而是要与国际国内学术界、实业界和政府管理部门的同志们广泛交流。目的性太强了，反而出不来高质量的创新。上周我在院接待了澳大利亚的黄振先生一行，他每年能组团 2 万人来中国，这是个很了不起的数据。交流过程中得知游客对于中国的认知还主要是北京、上海、西安加上长江三峡，看的主要是长城、故宫、天安门、颐和园、外滩、兵马俑等传统景点，也会看看欢乐谷的《金面王朝》和朝阳剧场的《功夫传奇》。我就建议他们可以增加一些体现当代中国的文化元素，比如去延安看看中国共产党人的初心，看看新中国建设和发展的源头，如去杭州看看古荡菜市场、去成都春熙路打望打望、去公园和大妈跳跳广场舞、去大学看看年轻人的活力，这些当代场景和人群更能够代表中国当代的文化。当然，如果有时间的话，还可以去西部走走，比如宁夏固原、甘肃临夏，那里也是当代中国。今天他们已经在去延安的路上了，明天市局会配合代表团考察当地的红色旅游资源。这些工作不是通常意义上的学术交流，但是这些交流做好了，对于课题的展开，对于文化和旅游融合发展的市场实践将有实质性的推动作用。

基于融合背景下的文化和旅游行政管理体制研究

《文化和旅游高质量融合发展的体制机制创新研究》子课题组一*

摘　要：自2018年文化和旅游部组建以来，在机构设置、人员配备、职能融合方面已经取得一些基本共识。但是随着融合工作不断深入，一些深层次的问题逐渐暴露。为了更好地促进文化和旅游体制融合发展，本文基于历史视角，总结1978年以来文化体制和旅游体制改革措施和特点，并结合文化和旅游部部委及地方实际调研情况，发现在市场需求调研、职责融合深度、人员梯队建设、科技创新力度等方面还存在一定提升空间。基于此，提出深化体制机制改革、提升行业管理效能、注重理论研究与人才培养、健全法律法规体系四个方面具体措施，为促进文化体制和旅游体制深度融合夯实基础。

关键词：文化体制；旅游体制；文化和旅游融合；行政管理

文化和旅游部组建之后，各地已基本完成相应的机构改革，也在文化和旅游融合发展形成一些基本共识，但由于文化系统和旅游系统自身体制机制特点，在融合发展过程还存在一些深层次问题有待解决。本文通过历史视角分析1978年以来文化体制、旅游体制改革发展特点，并结合实际调研情况，为文化体制和旅游体制深度融合提供对策建议。

一、我国文化和旅游行政管理体制的演变

改革开放以来，随着体制机制不断完善，对外开放不断扩大，市场环境不断优化，要素活力充分释放，更加开放更加健康市场发展格局基本形成。在这40多年间，文化行政管理体制和旅游行政管理体制从“放、治、建、转”四个方面不断释放要素潜能、丰富产品种类、优化产业结构、提升产业布局，推动形成文化和旅游新发展格局。

［基金项目］本文为研究阐释党的十九届四中全会精神国家社会科学基金重大项目《文化和旅游高质量融合发展的体制机制创新研究》子课题一《文化和旅游高质量融合发展的法律保障与行政管理体制改革》阶段性成果，项目首席专家：戴斌，子课题一负责人：宋子千。本文执笔：周琰。

［作者简介］周琰（1985—），女，福建南平武夷山人，中国旅游研究院政策与科教所博士，研究方向为网络经济、旅游科技、旅游金融、文旅政策融合（文化政策方面），E-mail：zhouyan513@126.com。

（一）第一阶段（1978—1991 年），改革重点在于“放”

1978—1991 年，这一阶段改革的战略核心在于“放”，放开搞活商品生产和流通领域，培育鼓励竞争，解放生产力。

1. 文化体制坚持“放”，激发体制活力

1978—1991 年，文化体制改革主要是解放思想，拨乱反正，实现“以阶级斗争为纲”向“以经济建设为中心”的发展方式转变，进行文化市场发展初探。随着国家对文化经营活动逐步认可，文化事业单位探索出一套“以文补文，多业助文”等经营模式。1978 年 12 月，党的十一届三中全会将全党的工作重点转移到经济建设上，我国进入改革开放和社会主义现代化建设新时期。这一时期广大农村实行家庭联产承包责任制，建设经济特区率先进行经济体制改革。1979 年，邓小平同志在中国文学艺术工作者第四次代表大会上提出“我们要在建设高度物质文明的同时，提高全民族的科学文化水平，发展高尚的丰富多彩的文化生活，建设高度的社会主义精神文明”。他强调“党对文艺工作的领导，不是发号施令，不是要求文学艺术从属于临时的、具体的、直接的政治任务，而是根据文学艺术的特征和发展规律，帮助文艺工作者获得条件不断繁荣文学艺术事业，提高文学艺术水平”。

1978 年财政部批准《人民日报》等八家新闻单位可从“经营收入中提取一定比例用于增加员工收入和福利，改善传媒自身的条件”的报告。1979 年广州东方宾馆开设国内第一家音乐茶座，兴起中国文化市场。1984 年上海出现首家“以知识、信息为特色，主营精神产品，并按市场化方式运作的”咨询公司。1985 年文化体制改革的步伐迈向电影制片厂，对国营的电影制片厂进行转企改制，独立经营。1988 年中共中央宣传部和新闻出版署联合发布《关于当前图书发行体制改革的若干意见》推行“三放一联”的发行方针。1988 年《关于加快和深化艺术表演团体体制改革的意见》和 1989 年《关于进一步繁荣文艺的若干意见》，明确文艺表演团体“双轨制”。这一阶段文化行政部门的职能逐步从政事不分、管办不分向政事分开、管办分离转变，政府对文化的投入方式由国家大包大揽单向投入向以激励为基准的绩效投入转变，所有制形式由国家办文化的单一格局向以公办文化为主体，民营和社会办文化协调发展方向转变。

2. 旅游体制坚持“放”，步入经济事业型

1978—1991 年，旅游管理体制逐步从政治接待型转向经济事业型，旅游业被正式纳入国民经济和社会发展计划。

这一阶段新旧体制并存，旅游业行政管理主要对象是旅游直属企业和事业单位，采取通过市场间接管理方式，推行承包经营制，主要目标是提供有效供给、搞好经营管理。1978年以前，我国的旅游管理机构主要任务是从事从中央到地方的外事性、政治性的接待。1978年3月，中共中央批转外交部《关于发展旅游事业的请示报告》，这份报告强化了旅游业事业管理范畴，将旅游业由中央简单直管的机构扩张成为中央地方总分协调管理机构。中国旅行游览事业管理局改为“直属国务院的管理总局”，下设省、区、市分属旅游管理局，协同管理全国的旅游事业。为了加强行业管理，实行政企分离，1982年“中国旅行游览事业管理总局”更名为“国家旅游局”，并与国旅总社分开办公。“国家旅游局”正式挂牌结束了我国自1964年以来长达18年的局、社合一的格局。1984年国务院正式批准赴港澳台地区探亲旅游，开启我国出境旅游市场。1986年4月六届全国人大四次会议上，首次将旅游业列入国民经济和社会发展计划，从此旅游业由接待型事业组织转变为经营型产业组织。1989年旅游市场转变为买方市场之后，由于国家对企业监督不严和企业自我约束不足，旅游市场出现无序竞争和恶性削价竞争等市场不良形态。

（二）第二阶段（1992—2001年），改革重点在于“治”

1990年到1991年苏联解体、东欧剧变，使得社会主义在全世界范围内遭受严重波折。1989年国内政治风波以及经济体制改革中逐步暴露深层次问题，使得国内改革和发展遭遇暂时困难。1992年邓小平南方谈话和党的十四大召开为新一轮思想解放提供精神动力和智力支持。1992—2001年，这一阶段改革的战略核心在于“治”，主要是按照国际规则和惯例深化经济体制改革，加强市场体制培育和完善，其工作重心主要在要素市场和国有大中型企业。

1. 文化体制坚持“治”，扩大探索实践

1992—2001年，这一阶段主要是深化改革、扩大开放，发展社会主义市场经济。1992年以邓小平同志南方谈话和党的十四大为标志，我国文化体制改革逐步深入。文化体制改革一方面加强对文化市场引导和管理，从行政管理为主导到依法管理为主进行转型。另一方面通过文化政策加强文化产业传播中主流意识形态的声音。

1997年5月，中共中央成立“中央精神文明建设指导委员会”。1998年7月，文化部成立“文化产业司”。1998年6月，国务院制定“三定”（定职能、定机构、定编制）方案，将文化系统各部门的部

分职责转交给企业、社会中介组织和地方，并在部门之间形成部分职能调整转移，精减人员。保留文化部，撤销国家广播电影电视部，更名为国家广播电影电视总局，归国务院直属。2000年新闻出版署（国家版权局）更名为国家新闻出版总署（国家版权局），升格为正部级，并在职能上进行调整。2000年10月，十五届五中全会通过《中共中央关于制定国民经济和社会发展的第十个五年计划的建议》，首次在中央正式文件中出现“文化产业”相关提法。2001年11月，我国正式加入WTO。入世初期，我国文化产业面临文化产品、文化资本、文化价值三重冲击。

在具体部门也进行相应部署。为了强化艺术表演团体改革工作，1993年9月文化部发布《关于进一步加快和深化艺术表演团体体制改革的通知》，1994年2月文化部发布《关于继续做好艺术表演团体体制改革工作的意见》，重点在搞活艺术团体内部经营机制、调整艺术表演团体布局结构、全面实行院团长负责制和院团人员的考核聘任制进行要求。1997年1月，《中共中央关于进一步做好文艺工作的若干意见》指出充分利用市场规律，挖掘文艺发展的规律，加强对文艺机构和影视机构权责分配、作品创作等方面管理。1996年5月国务院颁发《电影管理条例》。2001年重新修订《电影管理条例》，初步形成电影投资主体多元化格局。

2. 旅游体制坚持“治”，加强行业监管

1992年邓小平同志南方谈话和党的十四大召开后，旅游管理体制积极开展政府职能转变，加强行业管理，加强旅游市场整治。这一阶段旅游业行政管理属于行业管理范畴，主要目标是扩大供给规模、规范服务行为，实施法规和标准规范指导。这一阶段旅游假日经济凸显，旅行社加快对外开放步伐，但是旅游市场总体发育不成熟。1993年11月，国务院办公厅转发国家旅游局《关于积极发展国内旅游的意见》，标志着国内旅游业正式纳入旅游行业管理的范围。1998年国务院办公厅印发《国家旅游局机构改革“三定”方案》，明确国家旅游局是国务院主管旅游业的直属机构。在职能方面，不再保留对旅游外汇、旅游计划、旅游价格的管理职能。1999年，国务院公布新的《全国年节及纪念日放假办法》，有效释放国内旅游需求，形成春节、“五一”、“十一”三个旅游黄金周。2000年国务院办公厅转发国家旅游局等九部门的《关于进一步发展假日旅游的若干意见》，旅游假日经济蓬勃发展，出现一系列新业态。2001年国务院发布《关于进一步加快旅游业发展的通知》，标志着我国旅游业的发展进入一个新阶段。

（三）第三阶段（2002—2011 年），改革重点在于“建”

2002—2011 年，随着综合国力提升和应对 WTO 挑战的需要不断增强，改革的战略核心转为“建”，全面建设小康社会，提高国际竞争力，其重心是消除一切不利于市场健康发展的体制障碍和壮大县域经济，创新成为时代的主题。

1. 文化体制坚持“建”，全面展开

2002—2011 年，文化体制改革开始逐步脱离经济规律寻找自身发展规律进行变革。这个阶段文化体制分为公益性文化事业与经营性文化产业两种模式，并开始推动分类改革。2005 年之前，文化体制改革主要针对由于财政困难引发机构和部门层面自主探索。2005 年之后，通过中央层面启动自上而下“强制性制度变迁”逐步探索适合自身发展规律的文化体制改革。从日常经营管理向人事、财务制度，最终向产权制度进行变革。

2002 年党的十六大报告指出“要积极发展文化事业和文化产业，继续深化文化体制改革，并指出发展文化产业是市场经济条件下繁荣社会主义文化，满足人民群众精神文化需要的重要途径”。2003 年 6 月，中共中央宣传部、文化部、国家广电总局、新闻出版总署联合发布《关于文化体制改革试点意见》，明确将文化单位分为公益性文化事业和经营性文化企业两类，推动文化体制改革从理论探索向实践操作层面转变。2008 年 10 月，国务院办公厅正式发布《文化体制改革中经营性文化事业单位转制为企业和支持文化企业发展两个规定的通知》，全国各个文化领域中经营性文化单位开始全面展开转企改制工作。2009 年国务院发布《文化产业振兴规划》强调要建立健全门类齐全的文化产品市场和文化要素市场，促进文化产品和文化要素的合理流动，标志着文化发展已上升到国家战略层面。2010 年 10 月，《中共中央关于制定国民经济和社会发展第十二个五年规划的建议》提出推动文化产业成为国民经济支柱性产业。2011 年十七届六中全会通过《中共中央关于深化文化体制改革 推动社会主义文化大发展大繁荣若干重大问题的决定》，提出“努力建设社会主义文化强国”，明确提出文化建设必须遵循“文化发展为了人民，文化发展依靠人民，文化发展成果由人们共享，促进人的全面发展”的基本方针。

2001 年，中央批转中宣部等《关于深化新闻出版广播影视改革的若干意见》提出关于深化新闻出版广播影视改革的政策措施。2003 年 9 月，新闻出版总署颁布新的《出版市场管理条例》，指出具备一定资格民营企业可以申请出版国内总发行权和批发权，民营书店等二渠道有了合法地位。2005 年 7 月，国务院公布《营业性演出管理条例》，允许外方与中方合资，合作经营演出经纪机构及演出场所，赋予个体经纪人以合法地位。2009 年，中宣部、文化部联合发布《关于深化国有文艺演出院团体制改革若干意见》对民营文艺演出团体市场地位予以充分肯定。

2. 旅游体制坚持“建”，协同配合

2002—2011 年旅游产业快速发展，旅游产业产业化、规模化，六大要素（酒店、餐饮）发展较快部分开始分化，市场由线下拓展至线上，竞争开始加剧。这一阶段行政管理主要侧重需求侧，以旅游产业群和消费市场为主要行政对象，聚焦整合资源、优化环境和协调促进。虽然受到 2003 年 SARS 危机，2008 年世界金融危机影响，但是并没有阻碍旅游业发展，旅游业从政府单向管理向政府和协会协调管理发展。通过旅游社的对外开放，不断提升旅游业国际化水平。2003 年 6 月商务部和国家旅游局共同发布《设立外商控股、外商独资旅行社暂行规定》，同年 12 月，第一家外商独资旅行社“日航国际旅行社（中国）有限公司”成立。2006 年 3 月《国民经济和社会发展第十一个五年规划纲要》提出“全面发展国内旅游、积极发展入境旅游，规范发展出境旅游”。2007 年国务院办公厅发布《关于加快推进行业协会商会改革和发展的若干意见》，旅游业开始重视行业协会功能。2009 年《国务院关于加快发展旅游业的意见》提出“把旅游业培育成国民经济的战略性支柱产业和人民群众更加满意的现代服务业”。2011 年 6 月实施《旅游电子商务网站建设技术规范》标志着旅游业开始关注线上信息服务，而在线旅游公司“去哪儿网”以及“携程网”竞争进入白热化。

（四）第四阶段（2012—2020 年），改革重点在于“转”

2012—2020 年，党的十八大以来，以习近平同志为核心的党中央在治国理政方面提出了“创新、协调、绿色、开放、共享”的发展理念。面对国内外复杂严峻环境和国内实现第一个百年奋斗目标，改革的战略核心为“转”，消除绝对贫困，打赢脱贫攻坚，全面建设小康社会，其重心是优化市场健康发展的体制机制和筑牢长期优质发展的基础，创新还是时代的主题。

1. 文化体制坚持“转”，全面深化

2012—2020 年是制度变迁的转换阶段，社会需求是改革动力，通过中央地方协同配合进行深化改革。从 2013 年 10 月党的十八届三中全会召开开始，文化体制改革进入全面深化阶段，注重系统性、整体性和协同性。

习近平总书记多次强调要坚持“以人民为中心”的文化发展理念，指出

“文艺事业是党和人民的重要事业，文艺战线是党和人民的重要战线”。2012 年党的十八大报告中提出社会主义文化强国的战略目标，并将“文化产业成为国民经济支柱性产业”列入 2020 年全面建成小康社会的指标体系。2013 年党的十八届三中全会提出全面深化改革的总目标是完善和发展中国特色社会主义制度，推进国家治理体系和治理能力现代化。进一步健全文化市场体系、完善现代公共文化服务，创新文化体制机制。2014 年 10 月，习近平主持召开文艺工作座谈会，强调“坚持以人民为中心的创作导向”。同年，中央全面深化改革领导小组第二次会议通过《深化文化体制改革实施方案》，强调文化体制改革重点“意识形态属性与商品属性的关系，文化事业与文化产业的关系，社会效益和经济效益的关系，文化传承与文化创新的关系”。2015 年中共中央办公厅和国务院办公厅发布《关于推动国有文化企业把社会效益放在首位，实现社会效益和经济效益相统一的指导意见》，为国有企业改革纵深推进提供基础。2017 年党的十九大报告中提出要坚定文化自信，牢牢把握意识形态工作领导权，培育和践行社会主义核心价值观，加强思想道德建设，繁荣发展社会主义文艺，推动文化事业和文化产业发展。要深化文化体制改革，完善文化管理体制，加快构建把社会效益放在首位，社会效益与经济效益相统一的体制机制。

2012 年 2 月，国务院办公厅印发《国家“十二五”时期文化改革发展规划纲要》中进一步明确要构建以“公有制为主体，多种所有制相并存”的现代文化产业格局，从而为全民参与文化产业建设提供重要的指导。2015 年，习近平主持召开中央全面深化改革领导小组第四次会议，习近平强调“要遵循新闻传播规律和新兴媒体发展规律，强化互联网思维，推动传统媒体和新兴媒体在内容、渠道、平台、经营、管理等方面的深度融合，着力打造一批形态多样、手段先进、具有竞争力的新型主流媒体，建成几家拥有强大实力和传播力、公信力、影响力的新型媒体集团，形成立体多样、融合发展的现代传播体系”。会议审议通过了《关于推动传统媒体和新兴媒体融合发展的指导意见》。2016 年 7 月，中宣部联合四部门出台《关于深化国有文化企业改革的意见》，高度重视文化的特殊性，把国有文化企业分为新闻信息服务、内容创作生产、传播渠道、投资运营和综合运营五大类。2017 年 6 月，中央下发《关于开展新闻单位采编经营两分开情况专项督查通知》，针对在京报纸出版单位、通讯社、广播电台、电视台以及驻地方机构，在采编和经营分开工作上落实要求。

2018年机构改革，撤销文化部、国家旅游局，设立文化和旅游部；撤销国家新闻出版广电总局，设立国家广播电视总局，新闻出版和电影管理职责划入中宣部，并加挂国家新闻出版署（国家版权局）牌子。2020年党的十九届五中全会描绘2035年文化现代化的宏伟蓝图：建成文化强国，国民素质和社会主义文明程度达到新的高度，国家文化软实力显著增强。这一阶段也出台系列法律与政策，如《公共文化服务保障法》《全民阅读促进条例（草案）》《公共图书馆法》《关于实施中华优秀传统文化传承发展工程的意见》《关于促进移动互联网健康有序发展的意见》《关于加快构建中国特色哲学社会科学的意见》。

2. 旅游体制坚持“转”，融合创新

2012—2020年旅游市场经济条件日趋成熟，旅游产品呈现多样化、个性化、品质化。观光、休闲、度假旅游产品分级纷呈。这一阶段旅游业行政管理逐步从需求侧过渡到供给侧，更加重视“完善产业体系、提升产业质量和发挥产业功能”。2018年3月文化和旅游部组建以来，随着技术手段广泛应用，旅游内涵不断丰富，新产品、新业态不断涌现。旅游链条（食、住、行、游、购、娱）加速分化，旅游组织从链状结构向扁平、网状结构裂变。旅游公共治理向“社会服务型”方向发展。文明旅游、旅游志愿者服务逐渐成为旅游业发展的重要指标。旅游品牌效应日趋凸显。2012年《旅游景区质量等级管理办法》，2013年《国民旅游休闲纲要（2013—2020年）》《中华人民共和国旅游法》，为旅游业提质升级奠定重要基础。2016年《“十三五”旅游业发展规划》将旅游业确定为“幸福产业”。2017年《“十三五”全国旅游公共服务规划》为构筑旅游安全保障网，优化旅游公共行政服务，推动旅游公共服务走出去奠定基础。2018年《关于促进全域旅游发展的指导意见》强调提升旅游业现代化、集约化、品质化，以便更好满足消费者需求。

二、目前文化和旅游行政管理体制的案例分析

各级政府文化和旅游主管部门是统筹推进文化和旅游高质量发展的组织支撑，其“三定”规定的落实情况、领导干部的综合素质和专业能力，是文化和旅游领域治理体系和治理能力现代化水平的决定因素。

（一）中央文化和旅游行政主管部门的改革情况

2018年组建文化和旅游部部委改革情况，一方面加强原有业务部门职责融合，主要采取简单合并、扩充合并方式。另一方面为了适应管理新要求，夯实文化和旅游产业高质量发展基础，主要采

取拆分合并以及新设部门方式。

一是加强原有职责融合，主要采取简单合并、扩充合并方式。原文化部和原国家旅游局的办公厅、政策法规司、人事司名称和职责不变，重组合并负责文化和旅游相关内容。原文化部的对外文化联络局，原国家旅游局的旅游促进与国际合作司，港澳台旅游事务司三个部门根据职能要求更名为国际交流与合作局（港澳台办公室），负责文化和旅游相关内容。为了加强文化和旅游领域公共服务建设，在原文化部公共文化司基础上成立新的公共服务司，负责文化和旅游相关内容。为了加强文化和旅游领域信息化及科技创新发展，在原文化部科技司基础上新设科技教育司，负责文化和旅游相关内容。

二是夯实文化和旅游高质量发展基础，主要采取拆分合并以及新设部门方式。为了更好服务文化和旅游领域行业、产业发展，重组调整原文化部和原国家旅游局相关两个重要部门。拆分原国家旅游局规划财务司，主要分为三个部分，部分职能同原文化部财务司合并形成新的财务司，部分职能同原文化部文化产业司合并形成新的产业发展司，部分职能重新整合新设资源开发司。拆分原文化部文化市场司，主要分为两个部分，部分职能同原国家旅游局监督管理司合并形成新的市场管理司，部分职能重新整合新设文化市场综合执法监督局。为了适应职责新要求，加强非物质文化遗产保护、研究、宣传和传播，新设非物质文化遗产司。

（二）地方文化和旅游部门主要领导的结构分析

本次调查共涉及31省级和222个地市级文化和旅游部门党政主要领导同志的性别、年龄、学历和工作履历等公开信息，数据截至2020年8月15日。

（1）性别结构以男性为主，越往基层，男性领导占比越高。调查样本共有38位省级文化和旅游部门党政主要领导同志（其中山西、福建、河南、海南、西藏、宁夏、吉林等省市自治区分设党组书记、厅长），其中男性25位，占65.79%；女性13位，占34.21%。102个地市级文化和旅游局党政主要领导同志中，男性79位，占比77.45%，女性23位，占比22.55%。

（2）年龄结构以“65后”为主，普遍具有多岗位锻炼的工作履历，以及丰富的文化和旅游工作经验。31个省级文旅部门主要领导中，1965年（含）之前出生的有24位，占比77.42%；1966—1970年出生的5位，占比16.13%；1970年以后出生的有两位。119个地市级文化和旅游部门党政主要领导，平均年龄明显低于省级部门。其中，1960—1965年出生的有38位，占比31.93%；1966—

1970年出生的有45位，占比37.81%；1971—1975年出生的有26位，占比21.85%；1976—1979年出生的有10位，占比8.4%。

（3）学历结构以研究生为主，省级文化和旅游部门领导干部的学历层次明显高于地市级。有学历信息的33个省级文化和旅游部门党政主要领导中，本科2位，占比6.1%；硕士20位，占比60.6%；博士11位，占比33.3%。从横向比较来看，学历层次普遍高于同级其他政府部门。有学历信息的100个地市级文化和旅游部门党政主要领导同志中，本科39位，占比39%；硕士54位，占比54%；博士7位，占比7%。学历明显层次低于省级。

（4）省级文化和旅游部门主要领导同志的前任岗位以文化和地方工作为主，地市级部门领导同志拥有旅游工作经历的比例更高一些。31个省级部门主要领导岗位，由原文化部门领导出任者11位，占35.48%；由地方政府或其他行政部门领导出任者14位，占比45.16%；由原旅游部门领导出任者6位，占19.36%。135个地市级部门主要领导岗位，由原文化部门领导出任者44位，占32.59%；由原旅游部门领导出任者43位，占31.85%；由地方政府或其他行政部门领导出任者48位，占比35.56%。省级和地市级部门主要领导有地方副职以上工作经历者，分别占10.53%、24.40%。河北、内蒙古、广西、宁夏等省区市，成都、石家庄、邯郸、保定、呼和浩特、包头、绍兴、益阳、清远等地市文化和旅游部门领导由宣传部副部长兼任，阳泉等地由市政协副主席兼任。

三、目前文化和旅游行政管理体制中存在的问题

文化和旅游部组建以来，在机构设置、人员配备、配套机制方面已经比较完善，但在具体业务操作过程中，还存在以下四个方面提升空间。

（一）市场需求调研不足

从1978年改革开放至今，文化体制改革虽纵深发展，但是由于文化自身特殊性，政资、政事、管办事尚未完全分离，政策推行依靠强力，缺乏有效联动机制。旅游管理体制改革虽可分起步、发展、深化和创新四个阶段，但是在旅游制度不完善和市场竞争不充分前提下，产业粗放式增长是我国旅游业发展主要模式。文化和旅游组建之后，虽在机构设置、人员配置方面进行较大调整，但是由于文化系统和旅游系统自身特殊性，在政策制定、政策执行、政策反馈阶段存在市场调研不充分，交叉融合机制不到位，资源配置效率和公平性不高，市场监管效能较弱等问题。

（二）科技创新力度不够

科技创新是文化和旅游发展重要推动力，但是科技效果同产业自身发展水平密切相关。文化系统比较重视意识形态宣传，因此系统改革中缺少产业改革动力。而文化产业发展同国民素质是紧密联系，特别是一些小众文化，接受、欣赏、学习、传承动力较少，很难适应市场化发展机制，却是中国文化的重要组成部分。文化市场中中小企业较多，文化市场培育、发展、成熟同文化内涵挖掘、使用程度密切相关，科技创新投入成本较大，短期不容易看到良好的收益。旅游系统虽是产业运营，但更多集中于一些自然资源低层次使用，科技创新使用层次较低，缺少深层次文化内涵支撑。而文化领域、旅游领域能融、可融资源种类、产品形态、推广模式没有得到充分梳理，在科学技术、科技装备、产品形态、产业业态、品牌建设、营销推广方面缺少正确政策引导和扶持机制，没有充分释放文化和旅游融合的综合效益。

（三）职责融合深化不足

文化系统、旅游系统由于自身机制不同，在改革发展过程中存在改革惯性，融合不充分，效果不明显。旅游系统自身综合带动性较强，政府监管机制和市场机制匹配对不高，由于运行目标模糊导致对象不明确、授权不清晰、评价不规范，形成“大行业、小管理、政出多门”现象。文化体制改革从试错性探索和清晰化改革走向了深水区。文化和旅游融合程度，从宏观层面来说，受制于国家政治、经济、文化体制改革进程；从中观层面来说，受制于文化和旅游领域自身社会力量和市场体系完善；从微观层面来说，受制于文化和旅游领域内部治理结构和治理机制。因此，要促进文化和旅游领域体制机制深度融合，既要充分考虑国家政治、经济、文化领域体制机制改革成效，同时要充分结合文化和旅游领域自我完善过程具体问题，要坚持系统观念，统筹协调。

（四）人员梯队有待提升

由中央和地方机构编制部门确定的职能、机构和编制，是机构设立和改革的纲领性文件。无论是融合创新，还是改革创新，都离不开梯度人才培养和使用。文化和旅游系统紧缺人才、高层次人才、高技能人才和基层人才人才结构不合理，没有建立合理人才梯队。培养模式、培养项目和评价机制没有根据文化和旅游市场需求充分优化设置。分级分类培训力度有待加强，特别是交叉部门、交叉学科、交叉领域课程设置、教材编写、挂职实训方面还具有极大提升空间。干部使用和队伍整合方面，也缺少交叉配置和跨领域流动大范围尝试。

四、基于融合背景下文化和旅游行政管理体制的对策建议

基于融合背景下文化和旅游行政管理体制改革举措，既要充分考虑文化体制特点和属性，也要充分考虑旅游体制特点和属性，同时要充分结合已融、能融、可融方面现实情况进行结构调整、职责优化，推动文化体制和旅游体制深度融合。

（一）党的领导是全面深化改革重要基础

坚持党总揽全局，强化全面从严治党引领保障作用。坚守意识形态、安全生产、生态保障三条底线，夯实文化和旅游市场体制机制改革基础。坚持统筹协调原则，充分激发文化和旅游领域相关要素活力和效率。坚持社会效益优先，社会效益和经济效益协同发展，深化国有文化企业公司制股份制改革，建立健全现代文化企业制度。深化文艺院团改革，在保持艺术自身特性基础上寻求更多市场融合机会，确保文艺人民性、可持续性、创新性。优化景区评级机制，设计充分融合文物、文艺、非遗资源的景区评价指标体系，提升景区文化内涵。

（二）推进“放管服”提升行业管理质量

加强产业促进和创新引领。持续推进“放管服”改革，优化营商环境，构建更加公平、公正、高效的市场秩序。引领行业增强自主创新能力，注重专利技术和商业模式保护，推行规范标准。根据行业需求，加快培育文化和旅游领域的行业组织，充分发挥行业组织协调管理能力。利用多种方式引导社会力量参与文化和旅游领域发展，形成多层次政府购买机制。充分利用绩效评价结果，完善财政资金全流程监管，提升财政资金使用绩效。完善文化产业的扶持机制，完善文化和旅游企业信用体系，健全市场化融资担保机制。

（三）理论研究同新型人才队伍建设并重

围绕国家重大战略以及文化和旅游发展基础性、关键性、前瞻性重大课题，加强宏观研究和制度设计。结合各级规划和各类项目，强化基础理论和对策项目研究，完善科研资助体系。夯实文化和旅游领域统计理论，优化统计制度，加强统计人才培养。根据文化和旅游领域自身学科特点建设人才梯队，加大文化和旅游产业人才的培养。优化人才培养结构，按照紧缺人才、高层次人才、高技能人才和基层人才需求设置相应的培养模式、培养项目和评价机制。积极参与高校共建，推动文化和旅游领域职业教育改革发展。完善分级分类培训，根据参训人员、教员，设置课程和教材，增加挂职和实训的要求，从而有效提升

党政主管领导同志和班子成员的专业能力。在干部使用和队伍整合方面，要放手大胆地交叉配置和跨领域流动。

（四）健全法律法规筑牢安全底线

强化风险意识，筑牢安全底线，完善保障体系，构建文化和旅游领域全流程全要素的风险评估和监督机制，防范化解重大风险。坚持审慎包容政府治理原则，分类实行精细化管理，充分激发市场主体活力。完善文化和旅游领域相关条例、法律，如出台文化产业及文化市场相关条例，修订文物、非物质文化以及旅游等相关法律。加快构建以知识产权为核心要素信息化应用、监管平台，夯实文化和旅游领域知识产权保护和应用的基础。

参考文献

[1] 中共中央关于制定国民经济和社会发展第十四个五年规划和二〇三五年远景目标的建议[EB/OL].（2020-11-03）[2022-2-10]. http://www.gov.cn/zhengce/2020-11/03/content_5556991.htm.

[2]"十四五"旅游业发展规划[EB/OL].（2022-01-20）[2022-2-10]. http://www.gov.cn/zhengce/content/2022-01/20/content_5669468.htm.

[3]"十四五"文化和旅游发展规划[EB/OL].（2021-06-04）[2022-2-10]. http://zwgk.mct.gov.cn/zfxxgkml/zcfg/zcjd/202106/t20210604_925006.html.

[4]"十四五"文化和旅游市场发展规划[EB/OL].（2021-04-26）[2022-2-10]. http://zwgk.mct.gov.cn/zfxxgkml/scgl/202107/t20210708_926286.html.

[5]"十四五"文化和旅游科技创新规划[EB/OL].（2021-04-26）[2022-2-10]. http://zwgk.mct.gov.cn/zfxxgkml/kjjy/202106/t20210611_925154.html.

[6]"十四五"文化产业发展规划[EB/OL].（2021-05-06）[2022-2-10]. http://zwgk.mct.gov.cn/zfxxgkml/cyfz/202106/t20210607_925033.html.

[7]"十四五"公共文化服务体系建设规划[EB/OL].（2021-06-10）[2022-2-10]. http://zwgk.mct.gov.cn/zfxxgkml/ggfw/202106/t20210623_925879.html.

[8]"十四五"公共服务规划[EB/OL].（2022-1-10）[2022-2-10]. http://www.scio.gov.cn/xwfbh/xwbfbh/wqfbh/47673/47690/xgzc47696/Document/1718691/1718691.htm.

[9]"十四五"文物保护和科技创新规划[EB/OL].（2021-11-08）[2022-2-10]. http://www.gov.cn/zhengce/content/2021-11/08/content_5649764.htm.

[10] 国务院关于进一步贯彻实施《中华人民共和国行政处罚法》的通知[EB/OL].（2021-12-08）[2022-2-10]. http://www.gov.cn/zhengce/content/2021-12/08/content_5659286.htm.

推进文化和旅游融合发展的法律法规体系建设

《文化和旅游高质量融合发展的体制机制创新研究》子课题组一*

摘　要：当前，法治中国建设进入新阶段，深化旅游业与文化、科技、法治和国家治理体系的融合，不再是抽象的行政理念，而是极为现实的法律理性。坚持法无授权不可为，用好“看得见的手”，管住“闲不住的手”。坚持法无禁止则可行，用足“看不见的手”，松绑“放不开的手”。推动依法治旅、以文兴旅、科技创旅成为旅游治理现代化建设的理念共识和行动指南。

关键词：文旅融合；法律法规；治理能力现代化

法律法规是影响体制改革与机制创新的基础性因素。长期以来，文化和旅游分属两个部门管理，形成了文化和旅游两套不同的法律法规体系，这种状况对文化和旅游融合发展形成了很多根本性的制约。

一、我国文化和旅游法律法规建设状况

（一）我国文化法律法规概况

改革开放以来，我国文化事业和文化产业的发展日新月异，取得了举世瞩目的成就。随着“依法治国，建设社会主义法治国家”治国方略的深入实施，文化建设的法制化进程不断加快，目前我国在国家层面初步建立起了覆盖文化遗产保护、公共文化服务、文化市场管理、知识产权保护等领域的法律法规体系（图1）。其中，与文化工作关系密切的文化法律有《文物保护法》《非物质文化遗产法》《公共文化服务保障法》《公共图书馆法》《著作权法》5部；行政法规有《娱乐场所管理条例》《互联网上

［基金项目］本文为研究阐释党的十九届四中全会精神国家社会科学基金重大项目《文化和旅游高质量融合发展的体制机制创新研究》子课题一《文化和旅游高质量融合发展的法律保障与行政管理体制改革》阶段性成果，项目首席专家：戴斌，子课题一负责人：宋子千。本文执笔：蒋艳霞、宋子千、姚昕雨。

［作者简介］蒋艳霞（1975—），女，山东聊城人，管理学博士，中国旅游研究院副研究员，研究方向为旅游政策与标准化、旅游口述历史等，E-mail：342335330@qq.com；宋子千（1974—），湖南隆回人，经济学博士，中国旅游研究院首席战略研究员、政策与科教研究所所长，主要研究方向为旅游治理体系、旅游发展理论，E-mail：bjsongziqian@126.com；姚昕雨（1998—），女，四川眉山人，北京林业大学在读研究生，主要研究方向为旅游政策与标准化、社区韧性等，E-mail：260166757@qq.com。

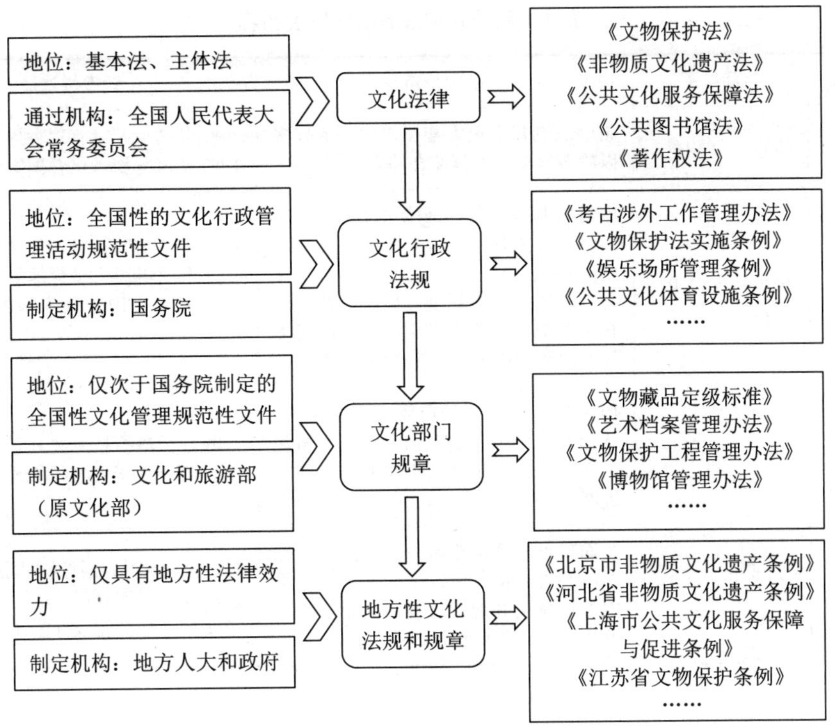

图 1　我国文化立法体系的结构框架

网服务营业场所管理条例》《文物保护法实施条例》《公共文化体育设施条例》《营业性演出管理条例》《长城保护条例》《博物馆条例》等 9 部。现行有效的文化部门规章 26 部。

与此同时，各地文化行政部门根据国家的上位法，并结合当地实际，推动出台了一系列地方性法规和规章，涵盖公共文化服务、传统文化保护、文化产业等多个领域。据统计，与文化工作密切相关的地方性法规和地方政府规章各有 100 多部，地方规范性文件 1 万多件。全国地方文化立法数量超过 10 部的有北京、河北、吉林、上海、江苏、浙江、安徽、福建、山东、湖北、广东、四川、贵州、云南等省市①。

（二）我国旅游法律法规概况

我国旅游法制建设可以追溯至新中国成立之初，可分为起步、探索、发展、完善四个阶段（表 1）。

1950 年 11 月，《外国侨民出境暂行办法》《外国侨民旅行暂行办法》颁布实施，这应是新中国最早颁布的旅游法规。党的十一届三中全会以后，旅游法制建设被提上重要议事日程。1985 年，国务院发布《旅行社管理暂行条例》，这是我国第一个规范旅行社的单行法规，它标志着我国旅游法制建设的新突破。

表 1　我国旅游法制建设发展历程

发展阶段	时间范围	阶段特点	代表性法规
起步	1949—1989 年	旅游法制建设摸索起步，立法形式多以旅游规章、规范性文件为主	1985 年《旅行社管理暂行条例》 1987 年《导游人员管理暂行规定》
探索	1990—2002 年	旅游法制建设受到高度关注，呈现出出台单项法规和地方旅游立法异军突起的特点；立法范围涉及旅行社、导游、饭店、旅游规划、旅游执法、假日旅游等；规范内容旅游企业的具体经营问题到市场秩序管理问题	1996 年《旅行社管理条例》 1999 年《导游人员管理条例》 2002 年《中国公民出国旅游管理办法》
发展	2003—2013 年	加快制定旅游市场监管、资源保护、从业规范等专项法规，不断完善相关法律法规，旅游立法工作取得突破性进展	2009 年《旅行社条例》（2017） 2013 年《中华人民共和国旅游法》
完善	2014 年至今	全面贯彻、落实旅游法，加快与旅游法配套的制度建设，推动各地修订地方旅游条例和现行法规，全面完善旅游法体系、全面推进依法治旅	2016 年《旅游安全管理办法》 2017 年《导游管理办法》 2018 年《旅游行政许可办法》

1996 年 10 月、1999 年 5 月国务院先后颁布《旅行社管理条例》（国务院第 205 号令）、《导游人员管理条例》（国务院第 263 号令），2002 年 5 月公布《中国公民出国旅游管理办法》（国务院第 354 号令）。三部行政法规的出台，标志着我国形成了较为完善的旅行社法制管理体系，旅游管理手段和管理方式实现了从行政管理向法制管理的转变。同时，在以地方旅游法规为基础、部门规章为先导、国务院制定的行政法规为重点、制定以旅游法为目标的立法指导思想指引下，地方旅游法制建设取得了重大突破，立法效力层次明显高于国家旅游立法，内容涉及旅游法律关系的多个方面。

2013 年 4 月 25 日，《中华人民共和国旅游法》经十二届全国人大常委会第二次会议通过，中华人民共和国主席令第 3 号公布。《旅游法》的颁布是我国旅游业发展的重要里程碑，标志着我国旅游法制体系拥有了较为完善的顶层设计。

近年来，党中央、国务院高度重视法治中国和旅游业发展，《国务院办公厅关于加强旅游市场综合监管的通知》《旅游安全管理办法》《导游管理办法》等相继出台，依法促旅、依法治旅加快推进，我国旅游法制体系进一步完善。与此同时，大众旅游方兴未艾，全域旅游如火如荼，旅游业现代治理体系加快建立，对提升旅游法治工作水平提出了新要求、新任务和新挑战。

我国旅游法制体系主要由以下四个

层次构成（图2）:（1）国家最高权力机关通过并颁布的针对旅游业的法律，如《中华人民共和国旅游法》。（2）国务院专门针对旅游业制定的行政法规，如《旅行社条例》《导游人员管理条例》《中国公民出国旅游管理办法》等。（3）旅游部门规章，指由国家旅游行政管理部门制定的规范旅游服务和管理行为的规定和技术性规范，如《旅行社条例实施细则》《旅游安全管理办法》《导游管理办法》等。（4）地方性旅游法规，指由地方人大制定的综合性旅游法规。自从1995年6月海南省制定我国第一部地方旅游法规以来，目前全国省级行政单位都有了综合性旅游法规，地方立法的积极性比较高。

二、国际上文化和旅游融合发展法律法规建设经验

旅游业与文化的融合，以及游客对文化体验的兴趣日益浓厚，为旅游业带来了独特的机遇，但也带来了复杂的挑战。在文旅融合趋势下，联合国世界旅游组织在第四届文化和旅游会议中强调旅游政策法规应在尊重艺术、考古和文化遗产的基础上制定，以平衡发展和保护的关系，减轻旅游业增长对文化和自然资源的负面影响，实现可持续发展[②]。2018年，联合国世界旅游组织发布《文化和旅游协同发展文件》（Tourism and Culture Synergies），其中“立法”被专家们认可为文旅融合发展

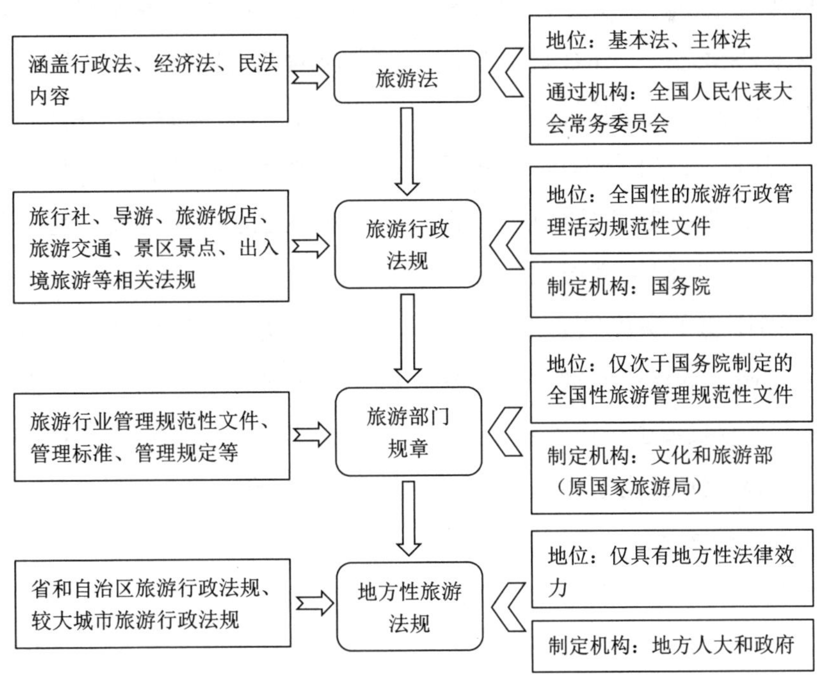

图2　我国旅游立法体系的结构框架

的重要支持举措③。

在众多国家中，韩国的文化和旅游融合发展历史悠久，早在1998年将文化体育部变更为文化观光部，2008年又新立为文化体育观光部。其文旅融合发展地位也受到联合国世界旅游组织的肯定，《文化和旅游协同发展文件》便是由韩国文化体育观光部和韩国旅游组织协助编制的。加之韩国文化和旅游制度以政府主导为基本模式，并且文化和旅游的发展早已被纳入法制化轨道，韩国在制定保障文化和旅游融合发展的法律法规体系上的成功经验，对于我国推进文化和旅游融合发展的法律法规体系有一定的借鉴意义。

在众多文物保护法中，日本的《文化财产保护法》被誉为同类法律中最复杂和最完整的法律之一，并被视为其他国家考虑如何保护和利用其民族和文化宝藏的一个典范。2021年日本实施了《以文化旅游基地设施为核心的地区文化旅游促进法》，日本国土交通省和文部科学省都分别做出了实施细则的响应，其对区域文化旅游的促进法规对促进我国文化和旅游融合发展也有借鉴意义。

（一）韩国文化和旅游法律保障

韩国的法律体系自上而下包括：具有最高规范性的宪法、体现其宪法理念的法律，以及为有效实施法律的总统令、总理令、部令等行政立法。韩国文化体育观光部现行法律中（表2），包括法律、总统令、文化体育观光部令三种层级，总统令和文化体育观光部令在法律的指导下，制定实施法和实施细则，并且以"+振兴法"的促进型立法为主。

1998年，韩国正式提出"文化立国"战略以来，韩国以发展文化产业为主，将旅游业放在文化产业的总体布局中，在文化和旅游相关法律中也以文化相关的法律为主。文旅融合后，旅游相关法中增设了文化旅游体验相关内容，在文化相关法律中国际交流合作一直作为重要内容，在发展过程中也补充了促进文化在旅游休闲传播的规定。

交通部分别于1961年和1975年分别实施了《观光事业振兴法》和《观光基本法》，在文化观光部、文化体育观光部又对条目进行了时代下的调整更新。2011年，为加深游客文化体验，《观光事业振兴法》增设了"文化旅游解说员"的培训认证和旅游体验教育项目开发的条款。

为促进文化产业的发展实现"文化立国"的战略，韩国出台了多部产业振兴法，建立了以《文化产业振兴基本法》《内容产业振兴法》为基础，包含印刷产业、漫画产业、音乐产业、电影产业、游戏产业等特色产业振兴法的促进型法律体系，各项规定贯穿了文化商品的创作、制作、流通等各个环节，要求政府

表 2 韩国文化体育观光部现行法律

法律		总统令		文化体育观光部令	
序号	法令名称	序号	法令名称	序号	法令名称
1	10·27 法律 关于恢复受害者名誉的法律	71	10·27 法律 关于恢复受害者名誉的法律施行令	151	博物馆及美术馆振兴法实施规则
2	2018 平昌冬奥会及冬季残疾人奥运会支援等相关特别法	72	2018 平昌冬奥会及冬季残疾人奥运会支援等相关特别法施行令	152	残疾艺术人文化艺术活动支援相关法律施行规则
3	博物馆及美术馆振兴法	73	博物馆及美术馆振兴法施行令	153	出版文化产业振兴法施行规则
4	残疾艺术家文化艺术活动支援相关法律	74	残疾艺术人文化艺术活动支援相关法律施行令	154	大众文化艺术产业发展法实施规则
5	出版文化产业振兴法	75	出版文化产业振兴法施行令	155	地域文化振兴法实施规则
6	传统寺庙的保存及支援相关法律	76	传统寺庙的保存及支援相关法律施行令	156	电影及录像水振兴相关法律施行规则
7	传统武术振兴法	77	传统武术振兴法施行令	157	动产文化遗产保存处理相关规定施行规则
8	大韩民国艺术院法	78	大韩民国美术院及大韩民国艺术院会员津贴支付规定	158	动画产业振兴相关法律施行规则
9	大众文化艺术产业发展法	79	大众文化艺术产业发展法施行令	159	工艺文化产业振兴法施行规则
10	地方文化院振兴法	80	地方文化院振兴法施行令	160	公共设计的振兴相关法律施行规则
11	地区报纸发展支援特别法	81	地区报纸发展支援特别法施行令	161	关于振兴的法律施行规则
12	地域文化振兴法	82	地域文化振兴法施行令	162	关于振兴漫画的法律施行规则
13	电影及录像水振兴相关法律	83	电影及录像水振兴相关法律施行令	163	关于振兴书法的法律施行规则
14	动画产业振兴相关法律	84	动画产业振兴相关法律施行令	164	关于振兴游戏产业的法律施行规则
15	读书文化振兴法	85	读书文化振兴法施行令	165	观光振兴法施行规则
16	工艺文化产业振兴法	86	该体育（电子体育）振兴相关法律施行令	166	观光振兴开发基金法实施规则
17	公共设计的振兴相关法律	87	工艺文化产业振兴法施行令	167	国际会议产业培育相关法律施行规则

续表

法律		总统令		文化体育观光部令	
序号	法令名称	序号	法令名称	序号	法令名称
18	关于恢复东学农民革命参与者的名誉的特别法	88	公共设计的振兴相关法律施行令	168	国际文化交流振兴法施行规则
19	关于媒体仲裁及损害救济等法律	89	公演法施行令	169	国立博物馆收藏遗物复制规则
20	关于体育设施的设置·利用的法律	90	关于恢复东学农民革命参与者的名誉的特别法施行令	170	国立博物馆收藏遗物租借规则
21	关于振兴的法律	91	关于媒体仲裁及损害救济等法律施行令	171	国立博物馆展品参观规则
22	关于振兴漫画的法律	92	关于振兴漫画的法律施行令	172	国立残疾人图书馆使用规则
23	关于振兴书法的法律	93	关于振兴书法的法律施行令	173	国立现代美术馆展品观赏规则
24	关于振兴音乐产业的法律	94	关于振兴游戏产业的法律施行令	174	国立中央剧场大观规则
25	关于振兴游戏产业的法律	95	观光振兴法施行令	175	国立中央图书馆和所属图书馆使用规则
26	观光振兴法 *	96	观光振兴开发基金法施行令	176	国民体育振兴法实施规则
27	观光振兴开发基金法	97	国际比赛支援法施行令	177	国民休闲活性化基本法施行规则
28	国际比赛支援法	98	国际会议产业培育相关法律施行令	178	国语基本法施行规则
29	国际会议产业培育相关法律	99	国际文化交流振兴法施行令	179	韩国手语语言法施行规则
30	国际文化交流振兴法	100	国家旅游战略会议的组成和运营规定	180	历史文化圈整备等相关特别法施行规则
31	国民体育振兴法	101	国立国乐·传统艺术学校设置令	181	内容产业振兴法实施规则
32	国民休闲活性化基本法	102	国立世界文字博物馆建立委员会规定	182	赛车及赛艇法施行规则
33	国语基本法	103	国民体育振兴法施行令	183	跆拳道振兴及跆拳道公园组成等相关法律施行规则
34	韩国观光公社法	104	国民休闲活性化基本法施行令	184	体育产业振兴法实施规则

续表

法律		总统令		文化体育观光部令	
序号	法令名称	序号	法令名称	序号	法令名称
35	韩国手语语言法	105	国语基本法施行令	185	体育设施的设置·利用相关法律施行规则
36	观光基本法 *	106	国政宣传业务运营规定	186	图书馆法施行规则
37	盲文法	107	韩国观光公社法施行令	187	文化产业振兴基本法施行规则
38	内容产业振兴法 *	108	韩国手语语言法施行令	188	文化多样性的保护与增进相关法律施行规则
39	人文学及人文精神文化的振兴相关法律	109	韩国艺术综合学校设置令	189	文化基本法施行规则
40	赛车及赛艇法	110	盲文法施行令	190	文化体育观光部管辖紧急应对资源管理法施行规则
41	社会产业综合监督委员会法	111	内容产业振兴法施行令	191	文化体育观光部和他所属机关职制施行规则
42	生活体育振兴法	112	平昌冬季奥运会及冬季残疾人奥运会机长令	192	文化体育观光部及文化遗产厅所管非营利法人的设立及监督相关规则
43	摔跤振兴法	113	人文学及人文精神文化的振兴相关法律施行令	193	文化体育观光部长官对所属厅长的指挥相关规则
44	跆拳道振兴及跆拳道公园组成等相关法律	114	赛车及赛艇法施行令	194	文化艺术教育支援法施行规则
45	体育产业振兴法	115	社会产业综合监督委员会法施行令	195	文化艺术赞助活性化相关法律施行规则
46	图书馆法	116	社会产业综合监督委员会法事务处职制	196	文化艺术振兴法施行规则
47	围棋振兴法	117	生活体育振兴法施行令	197	文学振兴法施行规则
48	文化产业振兴基本法 *	118	世界杯机长令	198	亚洲文化中心城市建设相关特别法施行规则
49	文化多样性的保护与增进相关法律	119	摔跤振兴法施行令	199	演出法施行规则
50	文化基本法 *	120	跆拳道振兴及跆拳道公园组成等相关法律施行令	200	艺人福利法施行规则
51	文化艺术教育支援法	121	体育产业振兴法施行令	201	艺术院事务局职制施行规则
52	文化艺术赞助活性化相关法律	122	体育设施的设置·利用相关法律施行令	202	音乐产业振兴相关法律施行规则

续表

法律		总统令		文化体育观光部令	
序号	法令名称	序号	法令名称	序号	法令名称
53	文化艺术振兴法	123	图书馆法施行令	203	政府机关及公共法人等关于广告实施的法律施行规则
54	文学振兴法	124	围棋振兴法施行令	204	著作权法施行规则
55	乡校财产法	125	文化产业振兴基本法施行令		
56	小图书馆振兴法	126	文化多样性的保护与增进相关法律施行令		
57	新闻等关于振兴的法律	127	文化基本法施行令		
58	新闻通讯振兴相关法律	128	文化体育观光部和他所属机关职制		
59	学校体育振兴法	129	文化艺术教育支援法施行令		
60	亚洲文化中心城市关于建设的特别法	130	文化艺术赞助活性化相关法律施行令		
61	演出法	131	文化艺术振兴法施行令		
62	艺人福利法	132	文学振兴法施行令		
63	印刷文化产业振兴法	133	五环旗		
64	影像振兴基本法	134	乡校财产法施行令		
65	杂志等定期刊物振兴相关法律	135	小图书馆振兴法施行令		
66	政府机关及公共法人等关于广告实施的法律	136	新闻等关于振兴的法律施行令		
67	著作权法	137	新闻通讯振兴相关法律施行令		
		138	亚洲文化中心城市关于建设的特别法施行令		
		139	亚洲文化中心城市推进团的构成及运营相关规定		
		140	艺人福利法施行令		
		141	艺术院事务局职制		
		142	音乐产业振兴相关法律施行令		

续表

法律		总统令		文化体育观光部令	
序号	法令名称	序号	法令名称	序号	法令名称
		143	印刷文化产业振兴法施行令		
		144	影像振兴基本法施行令		
		145	杂志等定期刊物振兴相关法律施行令		
		146	政府机关及公共法人等关于广告实施的法律施行令		
		147	著作权法施行令		

注：名称后加"*"为基本性法律

促进文化产业的国际交流与协作[④]。2014年，为通过法律、法规保护开启"文化隆盛"时代，补充实施了管理性法则《文化基本法》，首次对保护国民文化权进行了明确规定。《文化基本法》由13个条文构成，包含了对目的、基本理念、文化定义、公民权利的界定，规定了国家和地方政府的责任、与其他法律的关系、政策制定实施的基本原则，还对文化振兴基本规划的制定、制订年度实施计划、促进文化促进的部门文化政策、文化人才的培养等、文化振兴的调查研究与发展、文化活动、向国民议会提交报告、文化振兴事业的财政支持等制定了规范和要求。

在基本理念中强调确保文化的价值在教育、环境、人权、福利、政治、经济、休闲等整个社会领域传播，2016年，在第11条中补充了设立韩国文化观光研究院的规定，工作内容包含了文化旅游和休闲文化的调查、评估和研究，以及文化艺术、文化产业、旅游相关政策信息的统计和分析[⑤]。

（二）日本《文化财产保护法》[⑥]

将文化财产分为有形文化财产、非物质文化遗产、民俗文化遗产、地下文化财产、历史遗迹名胜天然纪念物、文化景观六类，除地下文化财产主要制定了挖掘、交付、转让等规定外，对其他五类文化财产都分别制定了重要财产的指定、管理、保护、公开、保护利用计划、调查等规定。

在保护利用计划条例中要求重要财产的所有者（如果有管理组织，则由其管理）应当按照教育、文化、体育、科学和技术部条例的规定，制订重要文化财产的保存和利用计划，并申请文化事务局局长的认证，需包含为保存和利用这些重要文化财产而采取的具体措施。此外，第一百八十二条和一百八十三条规定，地方各级人民政府在法律、法规允许的范围内，在资金状况和当地人民政府财政状况允许的范围内，给予适当考虑，可以补助文化财产的管理、修复、恢复、公开和其他保护和利用费用，支付因保护和利用文化财产所需费用而产生的地方债券。计划期间，市教育委员会还应事先采取必要措施，举行听证会，反映居民的意见，并组织设立地方文化财产保护委员会，成员包括文化财产所有者、学术专家、工商协会、旅游协会等。

（三）日本《以文化旅游基地设施为核心的地区文化旅游促进法》

《以文化旅游基地设施为核心的地区文化旅游促进法》包含了目的、定义的介绍，以及文化旅游基地设施和区域文化旅游促进项目落实中的具体措施（文化旅游基地设施，是指保存和利用文化资源的设施；区域文化旅游促进项目，是指以文化旅游基地设施为核心，综合推动区域文化旅游的项目）。

文化旅游基地设施和区域文化旅游促进项目的落实都包括了规划的认定和对企业采取特别措施两项条款。

基地规划的认定要求按照基本政策和主管部令的规定，与打算实施文化旅游基地设施功能强化项目的文化旅游促进企业合作，制订加强文化资源节约利用设施作为文化旅游基地设施功能的计划，根据认证基地规划，并申请主管部门的认证；基地规划对企业采取特别措施主要是根据运输企业的要求。

区域规划的认证包含了对理事会的专门规定，要求在作为理事会成员的市或县区域内，根据《行政会议基本政策》，根据主管部令的规定，制定全面、统一地促进以文化旅游基地设施为核心的地区文化旅游的计划，实施主体文旅促进经营者可以共同申请主管部长的认证；区域规划对企业采取特别措施文化财产登记建议。

国家和地方各级人民政府为确保认证基地规划或者认证区域规划的顺利、可靠实施，在以文化旅游基地设施为核心的地区促进文化和旅游方面相互合作。第十九条、第二十条、第二十一条分别是协助实施有助于加深对文化的了解的措施、海外宣传等措施、国家合作出版材料。

三、我国文化和旅游融合发展法律环境和优化方向

随着决战决胜脱贫攻坚和全面建成小康社会，我国开启了全面建设社会主义现代化国家新征程。在新征程中，法

治中国建设进入新阶段，加快推进国家治理体系和治理能力现代化对文化和旅游法治建设提出了新要求，部署了新任务。

（一）法治中国进入新阶段

1. 法治更健全

法治兴则国家兴，法治强则国家强。党的十九届五中全会明确指出，“十四五”时期社会主义民主法治更加健全，到 2035 年基本建成法治国家、法治政府、法治社会。《法治中国建设规划（2020—2025 年）》提出，要坚定不移走中国特色社会主义法治道路，奋力建设良法善治的法治中国；建设完备的法律规范体系，以良法促进发展、保障善治；建设高效的法治实施体系，深入推进严格执法、公正司法、全民守法。特别是 2021 年 1 月 1 日，《中华人民共和国民法典》正式施行，这是中华人民共和国成立以来第一部以“法典”命名的法律，是新时代我国社会主义法治建设的重大成果，涉及经济社会生活方方面面，同人民群众生产生活密不可分，同各行各业发展息息相关，其施行将对包括文化和旅游业在内的社会生产生活产生深远而广泛的影响。

2. 文化更自信

法治的基础是文化。到 2035 年，我国将建成文化强国，国民素质和社会文明程度达到新高度，国家文化软实力显著增强，这构成了法治中国建设的重要背景，也提供了深层支撑。我国法治建设最鲜明的文化特征就是坚持以人民为中心。习近平总书记指出，全面依法治国，最广泛、最深厚的基础是人民，必须坚持为了人民、依靠人民。旅游是人民美好生活的重要组成部分，大众旅游时代旅游的人民性更加凸显，加强旅游法治建设是法治中国建设的必然要求。

3. 手段更先进

徒法不足以自行，法治实施有赖于足够的物力、财力和人力支撑，尤其是需要有效的监管和执行措施。科技发展为解决法治实践中的问题提供了多样化的手段，带来了更多便利。比如，执法记录仪的运用，提高了执法的公开透明度，让执法监督更为有效，使严格、规范、公正和文明执法有了技术保障。法院利用大数据、人工智能、新媒体技术推进智慧审判、阳光司法，促进了司法公正，提升了司法效能。在文化和旅游法治建设中，也需要创新监管理念和方式，积极推进和互联网时代相适应的监管和执行手段。

（二）文化和旅游融合发展的立法修法原则

1. 要妥善处理好法治资源通用性和特殊性的关系

随着法律规范体系的逐步完备和现行法律的修改完善，立法资源的通用性和融合性越来越强，特殊性进一步收窄。如《民法典》作为全面依法治国的战略举措和社会文明的重要彰显，系统全面地规定了自然人、法人、非法人组织在民事活动中享有的各种人身、财产权益。《民法典》施行后，《婚姻法》《继承法》《民法通则》《收养法》《担保法》《合同法》《物权法》《侵权责任法》《民法总则》均同时废止。

根据专业术语的共通性原则，同样的术语在国家各项法律文本中出现时，包括在《文物保护法》《非物质文化遗产法》《旅游法》和行政法规中出现时，含义应该是一样的。根据法律原则的贯穿性，同样的原则在不同法律中均适用，但对不同原则的强调程度并不一样。循此原则，《旅游法》《旅行社管理条例》《导游人员管理条例》《长城保护条例》等法律法规关于游客和市场主体的条款，可以从民商法的规定涉及本领域的特别内容，通过司法解释加以覆盖。如《民法典》中规定的原则有法律保护权利、平等、自愿、公平、诚信、公序良俗等，可以规范文明旅游、强迫消费、诱导购物、欺诈消费等旅游者权利和义务。商法所强调的原则包含商业主体法定、促进交易维护公平、保障交易安全、商业判断规则等，可以规范旅行服务商、平台商、资源商之间的市场交易行为，包括对平台“二选一”的反垄断调查。

2. 要妥善处理好法治和行政治理的关系

加快建设法治政府，是全面深化改革的迫切需要，更是全面依法治国的重大任务。法治政府的核心内涵是依法行政，严格执法，把权力关进制度的笼子，要求厘清政府、市场和社会的边界。就文化和旅游领域治理现代化而言，首要问题就是要弄清楚政府部门到底该管什么，政府、市场还有社会组织，如何进行分工和协调。更进一步，还要明确中央事权和地方事权怎么划分，广义政府和文化旅游主管部门权责怎么划分，文化和旅游部门内部管理职能怎么划分。从实践来看，政府部门的“三定”方案就是一个基本的依据。政府部门要严格按照“三定”方案行事，否则市场永远就是左或者右，很容易越界或者不到位。

文化和旅游融合进入深度阶段，依法治旅、依法兴文从理念成为现实要求。一方面需要对既有文化和旅游产业政策、文化和旅游法律体系不断完善、规范，如及时修订《文物保护工程管理办法》《国家级非物质文化遗产保护与管理暂行办法》《旅行社条例》《导游人员管理条例》《中国公民出国旅游管理办法》等法规、规章和规范性文件，完善《旅游法》配套制度和《文物保护法》《非物质文化遗产法》等相关法律，使政策和法律更加符合时代发展的需要；另一方面，必须提升守法意识，强化执法力度，这其中不仅需要文化和旅游主管部门的综合治理、监管，更需要文化旅游从业者的主动守法以及社会公众等舆论监督力量的积极参与。唯有如此，才能逐渐建立起适用于我国国情的、良好的文化和旅游法治环境，促使文化和旅游市场走上规范有序且可持续的发展轨道，同时更好地适应文化和旅游业平稳快速发展的需要。

3. 要妥善处理好普适性和高品质权益保障的关系

文化和旅游融合必须坚持以人民为中心的发展导向，坚持文化和旅游为民的法治创新。将文化旅游和人民生活联系在一起，而不只是作为一个纯粹的产业，是新时代文化和旅游发展的基本要求。

近年来，随着人均收入的提高，居民文化消费需求层次不断提高且日益多样化。打造普惠性、高质量、可持续的公共文化服务体系是满足人民群众美好生活需要的必然要求。首先，依法保障和维护居民公共文化权益，确保居民依法共享公共文化成果。在设施建设中，坚持用法治理念研究制定公共文化设施建设规划。统筹城乡公共文化设施布局、服务提供、队伍建设、资金保障，均衡配置公共文化资源。其次，依法保障和满足居民日益增长的多元化市场需求，保障居民依法平等而有尊严的享受文化市场消费。依法科学合理布局文化市场的总量规模、市场业态、市场结构和区域重点，确保文化市场布局合理，与社会发展要求和文化市场消费水平相适应。

当前和今后一个时期，大众旅游既有品质化的需求，也有多样性的需求。在大众旅游起步阶段，主要解决的是“有没有”的问题，进入全面小康社会以后，“好不好”的问题日益凸显。无论是刚刚进入市场的“菜鸟”旅游者，还是旅行经验丰富的成熟旅游者，他们的旅游权利都同样需要保障，他们对服务品质的诉求都同样应当得到满足。从这个意义上说，更多的国民参与、更高的品质分享，是旅游的人民性在政策设计中的必然要求。不了解这一点，仅仅从旅游价格构成等技术层面出发，则不容易理解“国有重点景区门票价格下调”“公共文化与国民休闲相结合”“主客共享美好生活新空间”等规划理念和政策设计。14 亿的人口基数在奠定大众旅游规模基础的同时，也形成了出游动机、出游经验和消费能力差别较大的消费群体。对应大众旅游新阶段多样化需求特征，旅游法治建设既要保障普适性的权利，又要满足高品质的需求。

（三）文化和旅游融合发展的立法修法方向

1. 坚持法无授权不可为，用好“看得见的手”，管住“闲不住的手”

习近平总书记指出，在市场作用和政府作用的问题上，要讲辩证法、两点论，“看不见的手”和“看得见的手”都要用好，努力形成市场作用和政府作用有机统一、相互补充、相互协调、相互促进的格局，推动经济社会持续健康发展。政府和市场关系不顺、政府干预过多与监管不到位并存，是当下文化和旅游发展诸多突出矛盾的重要根源。市场经济条件下的“两只手”，看不见的是市场的手，看得见的是政府的手。这些年来，“看得见的手”变成了“闲不住的手”，在“越位”“错位”的同时，“缺位”问题也比较突出。政府部门热衷于搞审批、挂牌子，以此凸显自己的权利，而对于本该属于自己的责任则有意无意地忽视、互相推诿或“事不关己、高高挂起”。近年来时有发生的欺客宰客事件就是典型案例。三亚海胆事件和西双版纳强制购物事件闹得沸沸扬扬，旅游监管再次被推到风口浪尖，但这类事件单靠行政手段作用有限，单靠文化和旅游部门也很难根治。当前，旅游消费日趋大众化和本地化，游客和市民的活动界限逐渐被打破，市场监管也应该从“游客思维”转向“在地思维”，淡化游客标签，多从法治的通用性入手，多方联动综合监管，用好“看得见的手”，提升人民的幸福感和安全感。西双版纳导游强制购物，把游客关在店铺里面6小时不让出来，不能习惯性地当作旅游购物问题，而要看到事件的实质涉及限制人身自由，可以依据《治安管理处罚法》甚至《刑法》进行追责。相比于旅游部门的行政处罚，公安部门的拘留和司法部门的入刑，惩罚的威慑力和效果显然会提高很多。

2. 坚持法无禁止则可行，用足“看不见的手”，松绑“放不开的手”

使市场在资源配置中起决定性作用，是现阶段厘清政府与市场边界的内在驱动力。要保障人民群众的权利，底线是政府，高限是企业。文化和旅游法治建设的一个重要任务就是要促进构建要素市场更加开放、消费市场更有竞争张力的旅游业，促使各级各类市场主体把握趋势、相向而行，唯有如此文化和旅游业的现代化转型之路和产业升级空间才能更加广阔。政府干预过多，容易造成市场壁垒。条条框框太多，企业就不敢进来了。如果市场主体的运营处处都有界线，不能够跨界融合的话，它的影响力就会受限，很难做大。还有，长期以来旅行社都被作为旅游主管部门的“亲儿子”，是审批和监管的重点对象，但是随着大众旅游的发展，旅行社的特殊性还有多少，还需不需要专门的立法监管，这都是可以讨论的。比如，一些保险业务员，以社区微信群为媒介，组织周末和小长假周边游活动，负责提供大巴车、保险、门票、住宿等，居民自愿报名，成团即出行，非常灵活，这事实上就把旅行社的功能替代掉了。再则，我们打击的不合理低价游，最严重的并不是正规旅行社，而是那些没有旅行社资质的机构或个人，但对此并不能通过旅行社立法来解决。

3. 坚持依法兴文、依法治旅、科技创新，使之成为建设文化强国和现代旅游业体系的理念共识和行动指南

法治、文化、旅游、科技是密切联系在一起的，文化和旅游法治建设除了加强法律法规建设、加强综合执法以外，还要充分考虑文化和旅游的融合发展，考虑文化和旅游业科技创新的发展。要充分研究法律的通用性，聚焦文化和旅游业的特殊性，兼顾人民群众普适性和高品质的文化和旅游需求，进一步完善文化和旅游法律法规。要对旅游和文化相关法律法规中制约文化和旅游融合发展的条款进行修订，同时保持文化和旅游法律法规体系各自的相对独立性和完整性。要根据行业生态、市场结构、服务方式和技术标准的改变，文化和旅游消费者行为方式和信息获取方式的变化等，推广“互联网+监管”等先进执法手段。当前，我国文化产业对经济增长的拉动力不强，还不能充分满足人民群众文化消费需求，在国际市场的竞争力较弱，原因是多方面的，其中对文化消费者保护不力是一个重要原因。相关法律制度不完善、监管与执法缺位、缺乏高效的文化消费争议解决机制等问题的存在抑制了公众文化消费需求，在很大程度上阻碍了文化产业健康快速发展。因此，在增加文化产品有效供给的同时，要注重对文化消费市场的监管，加强文化消费市场环境建设，规范市场秩序，推动文化消费市场健康发展。

四、推动文化和旅游融合发展的若干立法修法重点领域建议

文化和旅游部成立之前，文化和旅游的法律法规体系相对独立，有关文化和旅游相关的政策法规不多，只有《文化部、国家旅游局关于促进文化与旅游结合发展的指导意见》（文市发〔2009〕34 号）和《文化部、国家旅游局关于印发〈国家文化旅游重点项目名录——旅游演出类〉的通知》（文市发〔2010〕32 号）两份规范性文件。文化和旅游部成立之后，文化和旅游进入深度融合阶段，适用文化和旅游领域的政策出台速度加快，如《文化和旅游部关于印发〈关于促进旅游演艺发展的指导意见〉的通知》（文旅政法发〔2019〕29 号）、《文化和

旅游部关于印发〈文化和旅游规划管理办法〉的通知》(文旅政法发〔2019〕60号)、《文化和旅游部关于印发〈文化和旅游统计管理办法〉的通知》(文旅财发〔2020〕54号)等。

“十四五”期间，应继续以习近平法治思想为指导，贯彻落实中央全面依法治国工作会议精神和党中央、国务院关于法治政府建设的决策部署，扎实推进《文化产业促进法》《文化市场综合执法管理条例》《文物保护法》等重点立法修订项目，修改现有法律法规不利于文化和旅游融合发展的内容，增加促进文化和旅游融合发展的内容，加强政策引导，推进文化和旅游融合发展，为建设社会主义文化强国、推动旅游高质量发展提供强大的法治保障。

(一)加快修订《文物保护法》，推动印发让文物活起来、扩大中华文化国际影响力的政策文件

以习近平总书记文物保护利用思想为指导，凝练修法共识。在涉及要不要利用，为谁利用的原则问题上，要进一步统一到习近平新时代社会主义思想上来，统一到以人民为中心的思想上来。习近平总书记对于文物工作有大量系统的指示、批示和论述，涵盖文物工作科学理念、工作方针、具体部署等诸多方面。解答了“文物工作为了谁”“文物工作怎么做”等基本问题，具有极其深刻的思想内涵，是修法的科学指南和行动纲领。当前需要投入更多资源，充分利用智库等多方面力量，深入学习研究，梳理其思想发展脉络，领会其精神实质，并将其贯彻到《文物保护法》修订的全过程。多探讨，多思想交锋，力图得出更有价值的修法思路。通过对习近平总书记相关思想的研究，有效地凝聚社会共识，力争把重大问题、重大分歧解决在修订起草工作阶段，推进文物治理体系和治理能力现代化。

增强面向人民美好生活、促进文物利用与活化的法律保障。(1)在总则第一条中，斟酌加入不断增加人民群众的文化获得感和幸福感、弘扬社会主义核心价值观等内容。(2)在第十一条中，强调鼓励从文物工作角度满足人民日益增长的美好生活需要，消解其与不平衡不充分的发展之间的矛盾。(3)在第十二条中，增加对在文物利用上有突出事迹的单位、个人的精神鼓励或者物质奖励。(4)在第十五条，斟酌考虑在严守保护红线底线的同时，针对具体开发类型，提出分类分级监管的思路。(5)当前有保护不力问责，斟酌加入利用不力问责条款。

(二)积极推进《文化产业促进法》《文化市场综合执法管理条例》等重点立法项目，提升文化和旅游治理能力

积极推进《文化产业促进法》立法，

积极配合司法部组织开展公开征求意见、调研论证、修改完善等工作。认真参与推进黄河保护和高质量发展的立法，形成黄河文化保护传承弘扬法律制度初稿并报送相关部门。加强与有关部门的沟通并加紧修改完善《文化市场综合执法管理条例》草案，加快推进《文化市场综合执法管理条例》立法进程。

推进《娱乐场所管理条例》《互联网上网服务营业场所管理条例》等政策法规修订，完善文化市场、旅游市场黑名单管理办法。实施旅行社转型升级行动计划和导游服务质量提升工程。推进"互联网 + 监管"，构建智能化、信息化监管服务平台。制定文化和旅游市场信用评价规范，推进信用分级分类监管。实施服务质量监管和提升行动。深化文化市场综合执法改革，推动市、县两级完成执法队伍整合组建任务。加大市场执法力度，推进打击治理跨境赌博等重大专项行动。持续组织"体检式"暗访评估，督办重大案件、部署专项整治。

推进导游执业改革，修订《导游人员管理条例》及相关法律法规，完善导游资格准入制度，适应旅游市场小团化、定制化消费需求，向游客提供"导游 + 网约车"服务；研究实施边境旅游区域内执业制度，解决旺季领队供给不足矛盾；推动建立导游服务预约平台；推动劳动报酬指导性标准与服务质量评价相衔接；开展不合理收费清查行动，导游行业组织不得以导游证注册为名收取任何费用；实施持证导游进景区行动，鼓励景区对持有导游证从事执业活动或者与执业相关活动的导游免除门票；健全导游行业组织，为便利导游执业、保障导游合法权益发挥更加积极作用。

（三）推进我国文化和旅游融合发展的一揽子法律保障

要构建以《文物保护法》和《旅游法》为核心，以文化、旅游、工业等领域法律法规为支撑的新时代文物事业制度体系。

（1）修法需要考虑有更多开放的接口，"吃透改革要旨，细化改革举措，形成改革合力"。"文化和旅游、文物部门要主动作为，务求实效"，工业、农业、城市建设等相关领域都要能够参与进来，引导培育其积极保护利用的积极性。

（2）将文物保护法修正修订与其他相关立法修法统筹考虑。这需要和正在制定过程中的《文化产业促进法》协调，也需要与《旅游法》的未来修订结合。当前《旅游法》第二十一条规定"对自然资源和文物等人文资源进行旅游利用，必须严格遵守有关法律、法规的规定，符合资源、生态保护和文物安全的要求……有关主管部门应当加强对资源保护和旅游利用状况的监督检查"。旅游业涉及的文物安全和利用可以考虑有更多的细分场景和针对性的管理举措。

（3）建议修法明确提出要依托价值突出、内涵丰厚的珍贵文物，创新文物价值传播推广体系。

（4）建议修法明确提出“宜融则融、能融尽融，以文塑旅、以旅彰文”方针。文物本身就是重要的旅游吸引物，高水平旅游发展应当，也能够为文物的可持续保护贡献力量，旅游和文化的融合应当，也能够在文物工作中发挥关键作用。

《文物保护法》第十四条中，历史文化名城的核定和规划斟酌增添文旅融合的内容。用旅游业的高质量服务提升历史文化名城的保护能力和体验水平，开发推出具有鲜明国家文化地标和文明标志，在国内外影响力较强的旅游目的地；第四十条中，馆藏文物作用的发挥也可以考虑鼓励引入旅游因素，以期充分利用旅游业的产业能力和服务能力。

注释

① 我国现有多少“管文化”的法律法规［EB/OL］. http://www.gov.cn/xinwen/2015-05/19/content_2864747.htm，2015 年 5 月 19 日。

② Kyoto Declaration on Tourism and Culture: Investing in future generations［J］. UNWTO Declarations，2019，28（4）:1–20.

③ World Tourism Organization（2018），Tourism and Culture Synergies，UNWTO，Madrid，DOI: https://doi.org/10.18111/9789284418978

④ 杨天娇．韩国文化产业促进立法及对我国的启示［D］. 天津：天津师范大学，2021.

⑤ 韩国文化体育观光部．现行法令［EB/OL］. https://www.mcst.go.kr/kor/s_data/ordinance/statute/statuteList.jsp，2021–12–16/2021–12–17.

⑥ 日本政府．现行法令检索［EB/OL］. https://elaws.e-gov.go.jp/document?lawid=325AC0100000214，2021–12–16/2021–12–17.

共同体：文化和旅游市场主体创新机制的探索

——基于2018—2021中国旅游集团化发展论坛等的实践案例

《文化和旅游高质量融合发展的体制机制创新研究》子课题组二*

摘　要：体制机制是形成文化和旅游融合高质量发展的市场主体并推动其创新发展的瓶颈因素和重要保障。而建设完善常态化的政产研合作平台则是文化和旅游市场主体的创新机制的中心任务。课题组以组织产学研共同体开展文化和旅游融合的实践为案例，总结文化和旅游融合市场主体创新的研究基础，形成以产学研共同体为中心、不断完善文化和旅游市场主体的创新机制的框架建议。

关键词：文化和旅游融合；市场主体；创新机制；案例

《中共中央　国务院关于完善促进消费体制机制　进一步激发居民消费潜力的若干意见》指出，要深化机制改革，健全体制机制。《国务院办公厅关于进一步激发文化和旅游消费潜力的意见》进一步指出，发挥完善促进消费体制机制部际联席会议作用。《"十四五"文化和旅游发展规划》则进一步指出，要建立更加完善的文化事业、文化产业和旅游业高质量发展体制机制；坚持创新驱动；培育各类市场主体。在市场机制推动下，我国文化和旅游市场主体快速发展，有力推动了文化与旅游走向深度、多元的融合，但市场机制的作用没有得到充分发挥，亟待不断完善文化和旅游市场主体的创新机制。体制机制是产业管理制度的重要内容，与国家法规、部门规章、产业政策、行业标准和行业自律等并列的制度化行业管理途径，是为了引导市场主体的行为，协调市场利益关系，维护行业间的公平竞争和正当利益，促进行业发展的一种产业治理机制（图1）。

由此可见，体制机制是形成文化和

［基金项目］本文为研究阐释党的十九届四中全会精神国家社会科学基金重大项目《文化和旅游高质量融合发展的体制机制创新研究》子课题二《文化和旅游融合发展产业政策与市场主体创新》阶段性成果，项目首席专家：戴斌，子课题二负责人：李仲广。本文执笔：李仲广、莫愁、李隆辉、李强。杨宏浩、何琼峰、战冬梅、张杨、赵一静、程遂营、肖建勇等也参加了研究工作。

［作者简介］李仲广（1976—），通讯作者，广西平南人，管理学博士，中国旅游研究院研究员、副院长，主要研究方向为现代旅游业，E-mail：zhgli@mct.gov.cn。

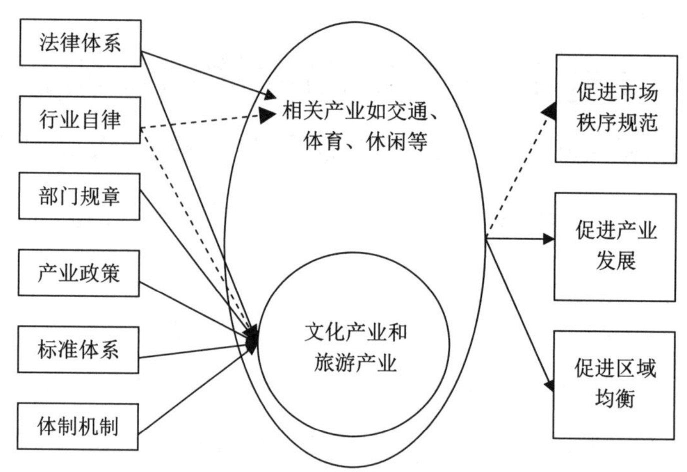

图 1　市场机制在制度化建设中的位置

旅游融合高质量发展的市场主体并推动其创新发展的瓶颈因素和重要保障。而建设完善常态化的政产研合作平台则是文化和旅游市场主体的创新机制的中心任务。2018 年文化和旅游融合改革以来，中国旅游研究院（文化和旅游部数据中心）积极落实国家战略部署构建了以中国旅游集团化发展论坛为代表的一系列促进文化和旅游市场主体融合创新的政产研平台机制，取得丰硕的实践成果，获得 2021 年文化和旅游优秀科研实践案例。本文基于 2018—2021 中国旅游集团化发展论坛等实践，探讨总结建立完善文化和旅游市场主体的创新机制这一课题。

一、组织产学研共同体开展文化和旅游融合的实践情况

文化和旅游融合以来，按照新形势新任务和部党组新要求，围绕研究院（数据中心）“三定”规定，按照“宜融则融、能融尽融，以文塑旅、以旅彰文”的原则，与全国产业共同体、学术共同体一道，以中国旅游集团化发展论坛为重要平台，加强与业界的交流合作，引导行业发展。

（一）在产业引领方面

贯彻中央战略部署。开展京张体育文化旅游带、旅游产业化、世界级旅游城市和度假区等专题研究。践行中央关于“推动旅游业高质量发展”的总要求。以长城、大运河、长征三大国家文化公园建设为重点方向，结合红色旅游和国家区域发展战略的前期成果形成专题研究。

在文化和旅游融合的思想基础建设方面取得新进展。连续提出了“美好生活是旅游发展新动能”“发展夜间旅游正当时”“以美好生活链接文化建设和旅游

发展”“以大数据链接资源供给和市场需求”“以充满生机的新型市场主体满足主客共享的美好生活需要”“中国梦为入境旅游赋予新动力”等文化和旅游融合发展理念。

明确发展主题，引领市场主体高质量融合。分别以文化建设、科技创新、合作网络建设作为机构年度工作主题。2018—2021年的中国旅游集团化发展论坛主题分别为“社会责任：文旅融合时代的担当与作为”“科技新动能、发展高质量”“文化引领、科技创新”“变革、创新和高质量发展”“疫情应对与旅游业高质量发展”“旅游业高质量发展的产业实践与理论建构”“新发展格局的旅游业与旅游业新发展格局”。

谋划“十四五”文化和旅游业高质量发展。深入开展现代旅游业体系研究，做好文化消费数据生产工作，持续推进大众旅游、智慧旅游为重心的新阶段当代旅游发展研究。

（二）在企业战略方面

1. 加强新需求研究，引导企业化危为机，在疫情期间加快文化和旅游高质量融合

围绕新冠肺炎疫情对旅游业的影响及旅游振兴等主题，开展了一系列的宣传，通过传递这些研究成果和数据为旅游业注入信心与力量。召开住宿、旅行服务、景区、国内旅游、休闲、入境、出境、夜间经济、冰雪等一系列报告发布会、论坛。推进主客共享，完成城乡融合进程中的休闲共享的研究。鼓励发展休闲产业，按半年推出都市休闲市场报告。完成节假日旅游分析报告。引导企业实施“以文化 + 旅游”为代表的融合发展战略。与阿拉丁成立“旅游 + 社群”实验室。

2. 以案例发布为平台，与商业共同体合作，促进技术成果的商业转化，推动新业态发展

重点推动夜间旅游、避暑旅游、冰雪旅游，积极培育美食、自驾、研学、边境旅游、体育旅游等新需求。提出并引导了以夜间文化活动、旅游消费为代表的夜间经济发展新领域，得到市场主体的积极响应，推动将“夜间经济”纳入国家战略，务实推进了文化和旅游融合发展，发掘并引导了新的消费方向。积极寻找发展新动能、引导各类市场主体、推动优化营商环境。

主动与文化和旅游企业对接。在环球影城开业前后开展专题调研，共办上海迪士尼5周年活动并发布专题报告。前往默林集团、中国旅行社协会、去哪儿网、国家开放大学旅游学院、光大文旅、阿拉丁控股、漫说文旅、华侨城等机构开展调研。

（三）在搭建交流平台方面

搭建文化和旅游合作交流平台。做

好丝绸之路（敦煌）国际文化博览会丝绸之路文化与旅游论坛研究工作。在中宣部、文化和旅游部、湖北省举办首届中国（武汉）文化旅游博览会期间，联合主办了文化和旅游高峰论坛。与中外交流中心合作，共同举办“中国旅游文化周”全球联动项目，组织“旅游新趋势，文化新动力”国际研讨会。与中国文化传媒集团联合举办首届中国研学旅行论坛，发布系列研究报告，“走读浙江”系列主题推广活动启动仪式暨中国研学旅行报告绍兴发布研讨活动强化了旅游系统的话语权和影响力。和巨量引擎城市研究院聚焦乡村振兴，基于2021年上半年调研和测算数据，联合发布“文化赋能旅游，旅游振兴乡村”——域见中国·2021年文旅行业专题报告。

创新文化和旅游融合机制，发起设立专项基金。联合山西省文物局等单位，在中国文物保护基金会框架下发起设立首支文化和旅游发展公益基金——旅晋专项基金。开展文化和旅游融合指数研究、文化和旅游消费研究、现代文化和旅游产业体系建设研究、文化和旅游科技创新研究、文化和旅游国际话语体系建构研究，取得一系列研究成果，丰富了文化和旅游融合发展的理论内涵。

推动数字文旅发展。重点推动区块链、5G、语音人工智能、增强现实及混合现实等新技术在文化和旅游场景中的应用。开展华为文旅、环球影城和科技含量高、融合意愿强的新型市场主体的专题调研，遴选一批科技企业合作伙伴。重点推动与初创期中小型科技企业共建实验室，搭建政产研一体的旅游业创新平台，促进面向需求“小而美”的旅游场景技术应用。完成抖音促进文化和旅游融合研究、“在线旅游资产指数”（TPI）测评体系和指数查询平台1.0版本发布等。设立与美团联合成立大数据实验室，新增游憩场景科技联合实验室。与“文化云”大数据联合实验室联合开展大样本文化消费调查。

围绕文化和旅游融合发展，数据建设实现新突破。积极推动文化和旅游领域的数据建设，加强文化和旅游领域的数据采集和经济运行分析，定期完成文化消费和旅游经济运行分析报告。新增文化消费调查，发布文化消费数据，有效引导了地方政府和市场主体的产业实践，这些对新时代文化事业、文化产业发展提供了理论依据，取得了很好的社会效应。

二、形成了文化和旅游融合市场主体创新的研究基础

没有强大的市场主体和完善的产业体系，我国就不可能继续保持在全球文化和旅游经济版图中的重心地位和领先优势，也难以推动文化和旅游融合高质

量发展。本子课题致力研究我国文化和旅游产业的供给体系现状和问题，深入理解文化和旅游产业融合发展的国家战略要求和国际比较优势，结合我国文化和旅游产业融合发展趋势，提出培育壮大文化和旅游融合发展主题的举措建议。建设文化和旅游经济调查、分析和预测平台，为政府的宏观政策和微观措施提供基础；从创业创新、改革发展、品牌培育、模式总结、企业家队伍建设、头部企业融合等若干方面培育壮大文化和旅游融合发展主体，以夜间、文创、研学、旅行、酒店、景区等为重点进行案例研究。

我国文化和旅游产业的供给体系现状和问题。以统计公报为基础，重点利用大数据技术和专业研究报告，系统梳理我国文化和旅游产业的供给体系，特别是产业融合发展的现状。通过调查、分析和访谈，特别是通过国际比较研究，深入了解当前我国文化和旅游产业存在的主要问题。

深入理解文化和旅游产业融合发展的国家战略要求。近年来我国经济增长进入新常态，文化和旅游也开辟了新常态下发展的新天地。文化、旅游业作为经济增长新动能，推动供给侧结构性改革和“大众创业、万众创新”。作为国家“十三五”专项规划和幸福产业之首，综合带动作用明显。文化和旅游都是美丽中国、美好生活的重要组成部分，文化、旅游产业是建设美丽中国、满足美好生活的主力军。以山西省为例，山西省委、省政府按照习近平总书记要求山西坚定走好转型之路的指示精神，把文旅产业列为七个新动能产业之首。在此背景下，要依靠产业发展来落实文化和旅游融合发展的国家战略与顶层设计。

结合我国文化和旅游产业融合发展趋势，提出培育壮大文化和旅游融合发展主题的举措建议。从供给体系看，当前我国文化和旅游产业供给正由行政主导、精英主体创造的生产过程走向市场主导、社会参与的自生产过程。在此背景下，要在文化与旅游的融合过程中，要牢牢把握政治导向和价值导向，切实把文化和旅游的发展推向以质量和品质提升为引领的新时期。进一步释放大众旅游需求，为文化和旅游市场主体的发育成长营造更加有利的市场环境；进一步扩大文化和旅游市场开放，营造有利于市场主体创业创新的政策环境。大力发展夜间经济、数字文旅、文化创意、研学旅行等融合业态，并在酒店、旅行社、景区、旅游演艺等行业加强文化和旅游融合。

开展文化和旅游经济形势分析，在对策研究的针对性和落地性上有明显提升。围绕季度、半年度和全年的形势分析的现实要求，加强文化消费、文化产业分析的理论研究和支撑体系建设，积极参与部机关的业务工作和开展深入调研会商，提升文化消费和旅游经济运行项目的监测能力和产业政策研究水平。

开展市场主体建设，提升文化获得感和旅游影响力的研究。没有充满生机和活力的文化机构和旅游企业，就不可能有真正意义的文化产业、旅游产业，也无法让更大范围的人群提升文化获得感。通过研究以高质量发展为导向，着力于品质提升，建设企业家主导的创业群体和高素质就业队伍，发现、培育一批有利于文化和旅游融合发展的创业主体，规范、提升一批促进文化机构和旅游企业融合发展的创新品牌，做大、做强一批服务于文化建设和旅游发展国家战略的企业集团。

以夜间、文创、研学、旅行、酒店、景区等为重点进行案例研究。如以文化特别是中国传统文化促进酒店发展。鼓励企业创造中国东方文化的美，体现出我们的文化自信；让景区、度假区、特色小镇承担起中华优秀文化传承、创新、发展与传播的使命，同时丰富景区、度假区、特色小镇业态，提升游客体验，形成新的经济增长点。

三、建立完善以产学研共同体为中心的文化和旅游市场主体创新机制

总体思路是贯彻市场机制在资源配置中的决定性作用的原则，坚持新发展理念，紧扣我国社会主要矛盾变化，按照高质量发展的要求，坚持以供给侧结构性改革为主线，适应建设现代化经济体系，顺应居民消费提质转型升级新趋势，依靠改革创新破除体制机制障碍，不断满足人民日益增长的美好生活需要。

（一）激励机制方面

鼓励改变文化和旅游的产业模式，发展现代文化产业体系和现代旅游产业体系，提高发展质量。在文化和旅游改革融合发展中，一些业内人士仍然停留在原来的认识、思维和工作方式上。政府文化和旅游主管部门需要转变文化事业、文化产业和旅游业发展思路，更加重视市场主体建设和商业环境培育。改变文化产业、旅游产业传统上在相对封闭的系统的发展方式，打破依托山山水水的资源开发和历史文化遗产传承的落后经营思维。在国有单位之外，更多的市场主体开始参与到文化产品的供给中，文化产品供给内容日益丰富，供给主体日趋多元。从以往单一的、国有企业为主的主体结构向国有、民营、外资等企业并存的多元主体发展。

引导市场主体推动高质量的文化和旅游融合发展、跨界发展。在文化和旅游市场主体多元化、自主性的融合过程中，改变策略性、分散式融合创新，转为战略性、系统性和全局性产业升级。在城市和乡村日渐成为主客共享的生活空间的今天，国民休闲和公共文化资源也积极向游客开放。促进历史文化名城、重点文物保护单位、文化产业示范基地、民俗文化村、文博会、文交会、艺术节、艺术品市场等积极服务旅游市场，图书馆、美术馆、博物馆、科技馆、展览馆等文化场所、设施和内容的公共化，以及文化权利的均等化。

（二）协调机制方面

根据企业规模、企业管理模式、人力资本和企业家精神、制度和政策、企业合作与集聚、市场需求等影响因素，推动产品 / 服务创新、市场创新、管理创新、过程创新和制度创新等，搭建融合创新平台，按照文化和旅游融合创新的独特性，形成文化、科技、市场驱动的创新机制，加强知识产权等创新保护机制。

构建文化和旅游企业、行业协会、智库科研单位等一体化的促进机制，有力有序有效发展融合新业态新模式（图 2）。创造条件让文化机构和旅游企业的负责人相互了解、相互理解、彼此尊重。

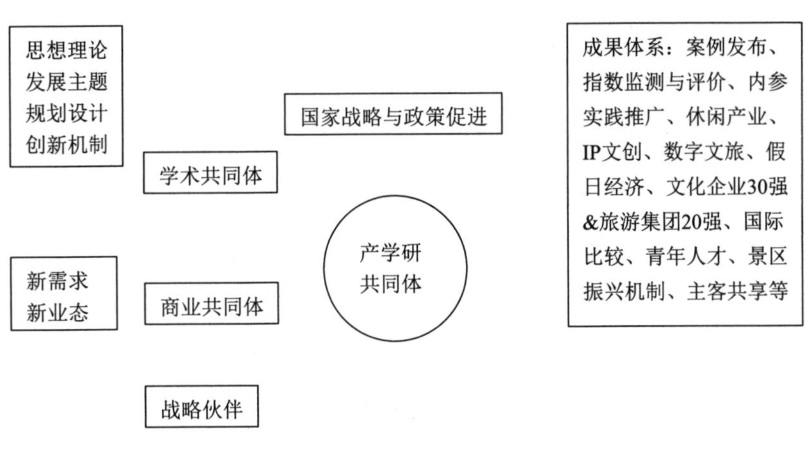

图 2　共同体：一种文化和旅游市场主体的创新机制

文化企业30强和旅游集团20强要多沟通，多交流，探讨并务实推进项目投资和市场经营等领域的具体合作。形成不同利益主体共同合作的旅游创新支撑体系，特别是旅游集团、品牌饭店、主题公园等大企业带动。建立高质量融合创新网络。鼓励文旅业态中小企业发展。鼓励政产研平台，把文化和旅游市场主体高质量融合创新提供聚集、孵化、合作的平台。

发挥科技和金融创新机制作用，发展新就业形态，促进企业家人才、创业团队交流。加快文化、旅游、科技融合的新就业形态，借鉴法国培养文化遗产传承人、日本推动“漫画+旅游”、苏格兰驻村艺术家等经验，通过艺术家、旅行家、企业家为文化和旅游产业的繁荣发展和就业队伍的扩大拓展更为广阔的空间。促进企业家主导的创业群体和高素质就业队伍持续增长。推动电影、电视、网络视频、文案和文化创意等企业家、创业者和专业技术领域人员与旅游、资本、市场和科技相结合。推出华侨城、华强方特、贵州丹寨小镇等企业家队伍。

积极参与国际市场竞争。在欢乐谷、长隆、方特、海昌海洋公园等民营主题公园品牌的基础上，培育出像迪士尼、默林娱乐、环球影城、六旗这样有全球影响力和文化底蕴深厚的旅游休闲企业。

（三）评价机制方面

以培育一批新型市场主体，改革一批传统市场主体，做强一批承载国家战略的企业集团为目标。发展文化产业园区，推动区域文化产业带建设，推动行业转型升级。建设现代旅游业体系，推动大众旅游发展，优化旅游产业结构，创新旅游产品供给。在科研引导上，国家社科艺术学基金、文化和旅游宏观决策课题等要全面覆盖文化和旅游领域，做好数字文化、“文创+”、文化和旅游部信息化案例、文化和旅游装备提升案例等工作。

编制相关指数并进行动态监测，发布市场主体的融合案例。课题组进行了文旅融合指数的探索，将产业融合指数作为重要指标内容。在此基础上，中国旅游集团化发展论坛等平台连续调查、发布文化和旅游融合发展案例和创新项目等成果。

开展专题调研和宣传推广。例如调研华住集团、北京优品三悦科技、北京新时空科技股份有限公司、大业传媒系列亲子文旅项目。

针对促进文化和旅游市场主体融合的具体措施，课题组对企业家展开调查访谈，梳理不同阶段的有代表性的措施建议。如企业家普遍认为，文化遗产既要保护好又要活起来，要用文化提升旅游项目和旅游产业的品质内涵，用旅游传播文明彰显文化自信。用好大众旅游需求增量进一步激活数量巨大、类型多样、丰富多彩的文化资源存量。

参考文献

[1] 戴斌，等.中国旅游集团发展研究报告2018、2019、2020［M］.北京：旅游教育出版社，2019.10–2021.10.

[2] 赵一静.图解夜间经济［EB/OL］.中国（芜湖）夜间经济发展论坛，2019.11.

[3] 张杨.中国研学旅行发展报告2021［EB/OL］.http://www.ctaweb.org.cn/cta/gzdt/202111/758e08f9b8264e73ae1cd9abb6300d1c.shtml.

[4] 程遂营，肖建勇.中国文化旅游发展年度报告（2016、2017、2018、2019）［M］.北京：中国旅游出版社，2016–2019.

[5] 战冬梅.中国旅游景区发展报告2020［M］.北京：旅游教育出版社，2020.9.

文旅融合背景下推动文旅公共服务融合发展的思考

《文化和旅游高质量融合发展的体制机制创新研究》子课题组三*

摘　要：随着人民生活水平不断提高，公民在精神文化方面有了更多需求，文化和旅游发展日益加快，文化和旅游的公共服务发展成为一个现实问题，并在文旅融合的大背景下日益凸显出来。准确把握文旅公共服务体系之间的内在关系，能够为促进文旅融合、提升文旅公共服务效能提供更有效的参考。文章探讨了文旅融合背景下推动文旅公共服务融合的必要性，分析了当前存在的问题，并从文旅融合角度对文旅公共服务发展与融合提出了建议，提出通过改变当前文旅公共服务与公众供需不平衡的现状；加大对景区公共文化服务基础设施的建设和维护；培养更多文旅方面的专业服务人员等举措来促进文旅融合，提高人民的幸福感。

关键词：文旅融合；公共文化服务；旅游公共服务

一、引言

党的十九大报告指出："中国特色社会主义进入了新时代，我国社会主要矛盾已经转化为人民日益增长的美好生活需要和不平衡不充分的发展之间的矛盾。"①满足人民日益增长的物质文化需求也成为全面建成小康社会的题中应有之意。为了提高文化和旅游的公共服务水平，加强我国公共文化服务体系建设，坚定文化的高度自信，促进文化事业的发展，提升社会公众的知识文化水平，我国在完善公共文化服务体系方面，相继出台多个政策法规，2005 年中央出台的文化体制改革文件就已经提出了公共文化服务体系建设。2007 年中共中央办公厅印发的《关于加快构建公共文化服务体系建设的意见》，又进一步推动了公共文化服务体系建设。2017 年 3 月

［基金项目］本文为研究阐释党的十九届四中全会精神国家社会科学基金重大项目《文化和旅游高质量融合发展的体制机制创新研究》子课题三《文化事业单位改革与公共服务创新》阶段性成果，项目首席专家：戴斌，子课题三负责人：宋瑞、黄渊基。本文执笔：黄渊基、雷荟桢。

［作者简介］黄渊基（1981—），湖南新邵人，教授、研究员，管理学博士，博士生导师，中国旅游研究院博士后，中国社会科学院当代中国研究所访问学者，湖南科技学院旅游与文化产业学院院长，主要研究方向为政治治理与产业管理，E-mail：303143040@qq.com；雷荟桢（1999—），女，湖南郴州人，湘潭大学公共管理学院硕士研究生，主要研究方向为公共管理。

《中华人民共和国公共文化服务保障法》正式实施，该法对公共文化服务的概念作出了明确定义，公共文化服务，是指“由政府主导、社会力量参与，以满足公民基本文化需求为主要目的而提供的公共文化设施、文化产品、文化活动以及其他相关服务”[②]，相关概念不断清晰，政府职责不断完善，对于我国持续推进公共文化服务领域发展与建设具有重要意义。

国内不少学者针对公共文化服务中存在的问题也进行了研究。傅才武以文化惠民工程作为研究对象，对全国共282个行政县进行调查研究，发现我国农村公共文化服务存在供需失衡的现象，我国当前委托代理式的行政安排、设计过程的高度自信、多头管理的权威政府、农村公共服务执行和民众参与的基层无力等都是导致文化惠民工程无法在农村地区达到预期效果的原因，并对此提出了政府通过购买社会服务来满足不同地区、不同公共文化需求的对策建议[③]；彭雷霆通过泰尔指数对湖南省百余个县公共图书馆进行研究，得出受财政补贴非均等化等影响，当前湖南省县域公共图书馆整体发展水平落后，服务效果差异显著高于资源供给差异[④]；杨乘虎认为当前国内公共文化服务体系具有供需错位、结构失衡严重等弊病，严重制约了我国公共文化服务体系建设的发展进程，从三个不同的方面提出了思路和对策以深化公共文化服务供给侧改革[⑤]。可见当前我国公共文化服务供给中存在乡镇公共文化信息滞后、文化公共服务管理不规范、管理人员缺乏专业性等问题，公共文化服务体系建设还有待进一步加强。

另外，在大力发展旅游业的背景下，旅游公共服务建设也逐渐成为重点研究领域。李国新和李阳以公共服务设施的完善和融合作为切入点，对加强文旅融合深度和广度提供建议，以实现文化和旅游的协同发展[⑥]；傅才武认为把文化和旅游融合在一起，并不是要将二者同质化或将就某一方而突出另一方，而是要承认二者之间的差异，实现“有限融合”，是旅游主体通过消费行为在旅游的过程中对不同的事物或景点生成不同的解读，不断寻求文化认同，并实现自身文化价值的过程[⑦]。文旅融合，实际上是追求文化和旅游产业的全方面及深度融合，即要使文化在旅游中发挥吸引游客的作用，让旅游成为传播文化的媒介。因此，提升文化和旅游的公共服务水平，加强二者的公共服务建设就成为关键的一环，并且也为促进文旅融合提供先行条件。

在新时代社会主要矛盾转化的背景下，文旅融合的关键就是要改变传统的文化和旅游相互分割的状态，对于文化和旅游本身来说，不仅要实现形式上的融合，更要实现内容上的融合；对于游客来说，能够在文化和旅游中获得双重享受是文旅融合发挥最大效用的体现；对于文旅集散地来说，则需要帮助当地加强文旅景区的知名度，传播文旅相关知识及促进经济、文化等的发展。

二、加强文旅公共服务融合的必要性

我国全面开启了全面建设社会主义现代化强国的新征程，完善公共文化服务体系既是文化建设的必然选择，也是改善民生福祉、提高国民文化素质和建设世界文化强国的必由之路。但是当前存在的文旅公共服务资源分配不均衡、文旅基础设施建设欠缺、公共文化相关机构及人员专业性不强等问题，成为我国提高国民文化素养，建设文化强国的短板。这就要求我们借助社会、政府、文化组织机构以及人民群众等多方力量，积极推进公共文化服务体系建设。同时，随着经济水平的提高，旅游行业不断发展，“大众旅游”成为一种普遍的社会现象，旅游也逐渐成为公民追求美好生活和满足精神文化需求的重要活动，文化和旅游作为满足公民精神文化需求的“幸福产业”，无论是在当前时代背景下还是在经济发展背景下，实现文旅公共服务发展与融合都是十分具有必要性的。

（一）加快文旅产业的融合进程

国家将原文化部和原国家旅游局进行合并组建文化和旅游部，文旅产业融合不是一种简单合并，更是一种紧随时代、创新融合的举措，公共文化服务和旅游公共服务都是由政府主导的为满足社会公众的需求而提供的基本服务，具有公共性、公益性和服务性质。而公共文化服务体系服务效能低下、供需不均衡，就难以准确地提供大众所需的文化服务，进而对文旅融合的进程进行影响。对当前文旅融合的深度和广度而言，对公共文化服务体系进行创新和加强，提升公共文化机构的影响力，重视旅游公共服务的建设，不仅能够为政府助力公共文化服务提供新的服务方向，还可以起到激发文化和旅游的服务活力，提高服务质量的效果。公共文化服务和旅游公共服务的融合是实现文旅融合的重要方面，但是当前我国在文旅公共服务发展领域还存在不足与缺陷，所以加强公共文化服务建设、提升旅游公共服务质量将更有助于促进文旅融合进程，提高文旅融合的质量，文旅公共服务融合，还可以促进文旅产业融合，从对深层次满足消费者的文旅需求，拉动文旅消费升级，提高经济效益，在满足公民文化需求的同时带动经济增长。

（二）提升文旅公共服务水平

自 2002 年开始，我国推行的“文

化惠民工程”，以解放思想，转变意识，改善文化民生为主要任务。2012年党的十八大提出“五位一体”总体布局，在文化建设方面，强调“要全面提高公民道德素养，丰富人民精神文化生活，显著增强文化软实力”[⑧]。2017年发布《公共文化服务保障法》，进一步明晰了公共文化服务的概念。相关法律政策愈加完善，公共文化服务的内涵、特征、范围、职责等也变得逐渐清晰，对公民的文化生活更加重视，因此，拥有完善高效的公共文化服务体系，为处于不同年龄阶段、不同岗位职业的公民提供便捷可及的公共文化服务，是我国加快做好服务型政府的有力表征；向社会公众提供平等高效的公共服务是“坚持以人民为中心”的重要体现；让社会公众在社会发展中享受符到创新丰富的文化资源是落实“共享”的发展理念、实现文化建设主体和享用主体相统一的必要条件，而公共文化服务作为向全社会成员开放的公共资源，更需要发扬和利用好优秀传统文化资源，满足公众的文化需求。同时，旅游业作为现代服务业之一，不仅会在旅游经济活动在获取经济效益，还与文化行业一样都需要根据公众的基本需求来提供服务，因此，实现文化和旅游公共服务融合，能够优化旅游公共服务的质量，能够提升公共文化服务和旅游公共服务水平。

（三）优化公共资源配置和降低配置成本

在实现文旅公共服务融合过程中，一些公共文化机构、文化活动场所或许存在资源闲置、资源分布不均、使用率不高等问题，通过进一步优化旅游公共服务发展水平，对文化和旅游场所的资源进行整合，促进文化和旅游公共服务融合发展，从而逐步实现公共资源配置最优化、公共产品社会效益最大化的目标，并且，文化和旅游公共服务融合能够催生文化和旅游融合型活动与场所，文旅公共服务融合在长期发展过程中，可以逐渐改善文化和旅游场所环境，不仅能够为当地居民提供便利可及的文化体验，满足当地居民的基本文化需求，经过长期创新和改良后还能够吸引来自不同地区的游客，还能够满足游客的不同需求，从而降低文旅公共服务资源配置成本，反过来又成为推动文化和旅游产业融合、促进文化和旅游公共服务融合的内在动力。

三、文旅公共服务发展与融合存在的问题

近年来，我国越来越重视文旅公共服务发展与融合，各地方政府通过多重举措提高文化和旅游的服务水平与效能，建立健全公共文化服务基础设施，提升旅游公共服务质量，并且着眼于不同地

域的实际发展情况，为实现文旅公共服务的供给均等化、服务可及性进行持续改进与创新。经过不懈努力，我国在文旅公共服务发展与融合方面取得了明显成效，但仍然存在一些不足之处，总体上公共文化服务已经能满足公民的基本文化需求，但仍存在供需不足与供需失衡等问题，旅游公共服务的质量虽有了很大提升，但也存在旅游公共服务概念不明晰、责任划分不清晰、游客体验感欠佳等不足。

（一）基础设施建设薄弱，无法满足公众的文化需求

我国“十一五”“十二五”“十三五”以及“十四五”规划中，均对文化建设提出了明确的目标和要求，分别要求“是通过四大文化惠民工程抓好基层文化建设；推进城乡公共文化服务网络覆盖；促进公共文化服务标准化均等化；加强县乡公共文化服务建设，增加乡镇公共图书馆、艺术馆和文化馆的数量”⑨。于是县乡文化基础设施建设领域不再是空白状态，公共图书馆、文化宣传馆和历史普及馆在数量上都有了很大程度的增长。但由于资源的不均衡，城乡财政补贴的差异化以及县乡两级公共文化服务基础设施的缺失，导致我国公共文化服务建设尤其是基层公共文化服务体系建设还具有很多不足之处，各地区仍存在基层文化服务体系建设与发展水平不均衡，书籍资料等信息资源陈旧，软硬件基础设施功能不健全，阅览参观人数远远达不到预期效果，当参观人数增加时，现有的公共文化服务资源又无法满足公众的需求等资源不足的现象。

（二）公共文化服务供需失衡，重视“上层执行”而忽视“下层需求”

由于我国行政体制属于科层制的结构，基层政府按照中央的指令执行任务，财政分配、人员安排、资源配置均由上级提供，容易形成冗长而又僵硬的委托代理链条，呈现出“命令—服从”的分权体系⑩。导致基层政府简单地把上级的指令当作任务来完成，忽视了民众的真实需求；同时公众对公共文化的了解不够深入，导致政府及第三组织所提供的公共文化服务与公众需求存在出入。虽然《公共文化服务保障法》的出台，对公共文化服务体系建设有了具体而全面的要求与标准，并不断完善公共文化服务理论体系，但仍有大量公民对公共文化服务理论不够理解，甚至是完全对相关概念没有了解过，导致公众不知道自己实际需要什么，而政府及公共文化服务相关机构不能根据公众的真正需求来提供公共文化服务。造成这种现象的原因在于政府或文化服务相关单位对公共文化服务的宣传不够到位，现有的公共文化服务理论体系尚未完善，导致无法更好地指导实践工作，仅仅是提供公共文化服务一方根据现有社会现状不断地强调提供服务的重要性和作用，却忽视了对被服务一方的真正需求，在公共文化的参与动员和传播工作方面则更加存在不足。

（三）缺乏统一完善的公共文化服务评价内容和评价标准

和经济类项目评价指标相比，文化类项目评价指标体系通常使用软性指标，具有不易定量、难以对结果进行精准测量等特点，如经济类项目可以通过GDP、GNP等经济类指标对其绩效进行评价，但是文化类项目评价体系主要考核政府或机构提供的服务是否满足公众的文化需求及满意度调查，是同时注重过程和结果的，所以公共文化服务项目的评价标准较难建立。而缺少统一完善的评价指标则难以对有关文化机构所提供的服务进行评价，更无法服务购买过程进行准确评估，2015年国务院办公厅《关于做好政府向社会力量购买公共文化服务工作的意见》、2018年《关于在文化领域推广政府和社会资本合作模式的指导意见》，就政府与社会资本的合作模式提出了新意见，“这些法规政策对政府提供公共文化服务提出了向社会购买公共文化服务的建议与要求，要求营造一个浓厚的支持社会力量广泛参与公共文化服务的社会氛围”[11]。与此同时也从侧面对公共文化服务绩效评价提出了新的要求，由于公共文化服务的特殊性质，即使在提供公共文化服务中期出现了不足和偏差，基于前期的投入，政府很大概率还是会将该项目继续下去，这就造成了体制内一定程度的“机构空转”，到最后提供的公共服务不仅无法满足人民群众的需求，还会造成大量的资源浪费，因此建立完善的公共文化服务评价指标体系对于提升公共文化服务水平也同样重要。

（四）政府保障措施不够完善，文旅公共服务协调能力欠缺

当前，为满足公众的社会文化需求，许多公共文化机构组织成为纯公益组织，公民可以免费进入文化馆、公共图书馆、艺术馆等公共场所，这些举措得到了很好的反响，提高了公共文化服务效能。但同时，阅览者和游客的增加对公共文化组织在管理能力、指引能力、服务能力以及维护能力等方面提出了更多更高的要求。而且我国公共文化服务所需资金和基础设施很大一部分都是由国家提供和政府承担，当现有文化机构打破现状时会对机构内部管理运行机制造成影响，尤其是不发达地区的公共文化服务机构更难跳出既定的框架。同时，旅游公共服务供给过程主要是由政府主导，当地旅游企业、机构、居民等共同参与，这一过程在经过正式规整、完善后形成了一条创造价值的服务链，经过内部各要素资源整合和深度结合，逐步实现旅游产品的优化创新，但是当前对旅游公共服务的概念仍不十分明晰，在划分政府部门的旅游公共服务的权责时也存在一些问题，并且，当出现非常态化事件、游客数量大幅增加、落后地区执行不力等情况时，就会对政府提出更多更高的要求，也会对旅游公共服务的供给工作形成挑战，从而在管理能力、专业素质和运行效率等多个方面造成影响，进一步影响游客的体验感和文化传播力度。

（五）缺乏专业的文旅公共服务人员和志愿者

当前我国的图书馆和文化馆的体制内工作人员都参与过公共文化服务培训，并且这类培训有着完整的培训体系，能够应对与文化相关的常态问题，除了公共文化服务人员外，文旅服务志愿者也能够提供文旅公共服务。文旅服务志愿者可以是社会组织人员，也可以是企业人员。近些年，文旅服务志愿者的数量逐渐增多，在提供文化和旅游公共服务方面贡献了更大的力量，在很大程度上弥补了文旅公共服务人员在数量方面的不足。但是与普通志愿者相比，文旅服务志愿者需要具有更强的专业性，要求具有一定的知识文化水平、知识文化技能、景点常识、旅游基础知识等，并且公共服务烦琐且工作量大，这就对文旅服务志愿者的培训提出了更高的要求。因此如何在培训中加强文旅服务人员对公益性、公共性的理解以及提高技能专业性等方面的水平也被纳入提高文旅服务水平需要考虑的范畴。

四、加强文旅公共服务融合的对策建议

“文化建设”作为“五位一体”之一，对营造良好的文化氛围、改善公民文化环境以及优化公共文化服务提出了更高的要求，同时，提高文化旅游服务质量、提升服务满意度也能够加强文旅深度融合，加快文旅融合进程。

（一）了解公民的文旅需求，优化服务质量

当前我国文旅公共服务存在供需不平衡、供给主体和需求主体之间信息不对等问题，让公众对政府、企业提供的文旅公共服务实际内容、种类划分有更多了解，从而激励公众针对当前我国文旅公共服务发展现状提出自身要求和意见建议，让文旅服务机构和服务者准确把握的文旅需求，优化服务质量。公共服务面向的主体是社会公民，只有真正地了解公众的需求，才能实现服务型政府的核心要求，达到满足公民基本文化需求、提高公民文化素养的目的。因此我国在提供文旅公共服务时，需要建立必要的民主参与机制和参与平台。可以充分利用信息平台文旅服务项目建设进

程，通过微信公众号、读者反馈中心、网络版或纸质版的建议簿等方式实现公众对公共服务体系建设的监督和约束，加大公众对公共服务体系建设的参与力度和深度。

公民对文旅公共服务融合的了解和参与，会在文旅部门、企业向公民提供文化服务的过程中产生“正效应”，通过公众参与促进服务人员对民众的需求有更多的了解，进而提供更加全面精确的服务。2021 年 3 月发布的《国家基本公共服务标准（2021 年版）》明确了公共文化服务具体保障范围和质量要求，其中“服务对象涉及城乡居民、少数民族地区居民，服务内容涵盖公共文化服务软硬件设施、广播电视新媒体、各类文化活动”[⑫]，政府可以通过向社会购买公共服务以达到满足公众的文化需求。同时，坚持信息公开、健全民主制度，丰富公民参与形式对提高文旅服务质量，加快文旅公共服务融合进程来说具有重要意义。

（二）提高文旅公共服务设施使用率，建立完善的文旅服务制度

文旅融合实际上是旅客在旅游过程中对景区、历史遗迹、非遗项目等发现了独特的文化价值以及主观的文化认同感，从而达到文化和旅游相结合的目的。在这个过程中，具体化、可视化的文化和旅游公共服务体系是必不可少的。除了已有的具有文化底蕴的旅游景区之外，许多景区开始重视文旅公共服务基础设施建设工作，但仍存在一些问题，如文旅服务设施建设的基础维护费用不足以及后期投入有限，导致公共文化服务设施的服务效能不高和“使用寿命”不长，以至于无法向旅客提供完善、高效的文旅公共服务，现有的景区无法满足当地居民和游客更多需求。因此，政府、企业等可以打造文旅集聚空间，建设诸如景区文化中心、旅游文创基地、吸引文旅企业、文旅项目、特色产业等向景区聚集，将已有的文旅公共服务进行资源整合，充分利用文旅基础设施，提高使用率，通过对现有文旅服务不断进项创新，改变传统的服务思维，建立更加精准的服务体系，逐渐形成顺应社会进步和时代发展潮流的多样化的文旅服务机制。

（三）加强人才培养力度，建立健全的文旅服务管理制度

在当前文旅融合的时代背景下，我国政府、文旅部门、文旅服务机构对文旅专业人才方面的有了更多需求。这类专业人才不仅包括传统的体制内文化服务人员或者单一性的文化工作者和志愿者，还需要：对文旅产业有深入的了解并能够抓住其特征，将文化和旅游进行融合发展的专业人才；对文旅融入感兴趣，并能够设计出突出文化和旅游特色

的项目方案的专业人才；能对文化和旅游公共服务提供针对性意见以及根据游客需求对方案意见不断地进行创新以适应社会发展趋势的专业人才；对大数据和数据分析有着深刻的了解和认识，能够利用旅游淡旺季、游客人数的增减、公共文化服务基础设施使用率等数据进行分析从而对文旅融合的进程和形式进行调整的专业人才。但是，当前我国对以上几类专业人才的培养力度还不够，少量的人才引进也无法满足当前文旅融合背景下文旅公共服务融合需求。可以利用发展迅速的高科技产品和数字化平台加强对文化服务人才的培养，实现加强公共文化服务体系建设的目的，营造良好的人才环境以加快文旅融合的进程，加强融合的深度和广度，满足人民需求，提高服务满意度。

注释

① 人民网．习近平在中国共产党第十九次全国代表大会上的报告［EB/OL］.（2017-10-28）［2020-04-20］.http://cpc.people.com.cn/ n1/2017/1028/c64094-29613660.html.

② 中华人民共和国公共文化服务保障法［EB/OL］.（2016-12-15）［2020-04-25］.http://zwgk.mct.gov.cn/auto255/201612/t20161226_474962. html.

③ 傅才武，刘倩．农村公共文化服务供需失衡背后的体制溯源——以文化惠民工程为中心的调查［J］. 山东大学学报（哲学社会科学版），2020（1）：47-59.

④ 彭雷霆，刘子琰．县域公共图书馆服务均等化实证研究——以湖南省 115 个县为对象［J］. 图书馆，2019（9）：92-103，111.

⑤ 杨乘虎．深化公共文化服务供给侧改革的若干思考［J］. 图书馆研究与工作，2020（8）：11-14.

⑥ 李国新，李阳．文化和旅游公共服务融合发展的思考［J］. 图书馆杂志，2019，38（10）：29-33.

⑦ 傅才武．论文化和旅游融合的内在逻辑［J］. 武汉大学学报（哲学社会科学版），2020，73（2）：89-100.

⑧ 新华社评论员．坚持五位一体 把握总体布局——学习贯彻党的十八大精神之四［EB/OL］.［2016-11-11］.

⑨ 耿达，田欣．公共文化服务规划的理论建构与实践逻辑［J］. 图书馆，2021（11）：1-8.

⑩ 王春婷，鲁利洁．基层政府购买公共服务中的干预行为研究——基于两个案例的探索［J］. 江苏社会科学，2021（5）：100-110.

⑪ 占绍文，居玲燕．基于功能导向的公共文化服务评价体系构建探析［J］. 广西社会科学，2017（2）：193-197.

⑫ 关于印发《国家基本公共服务标准（2021 年版）》的通知［EB/OL］.［2021-3-30］. http://www.gov.cn/zhengce/zhengceku/2021-04/20/content_5600894.htm.

文化和旅游融合发展中的科技：从点状突破到系统创新

——一个文献分析的视角

《文化和旅游高质量融合发展的体制机制创新研究》子课题组四*

摘　要： 论文采用CiteSpace文献可视化分析软件对与文化和旅游融合相关的675篇中文文献和236篇外文文献进行了分析。通过文献研究发现，技术渗透正在加速文化旅游与技术学科的交叉融合，大数据是当前最受关注的关键共性技术。但技术在文化领域的扩散路径有别于在旅游领域，以大数据、人工智能引领的技术群通过"互联网+"推动旅游主动融合文化、体育、农业等多产业领域，AR/VR/MR技术则是支撑文化主动融入旅游领域的主要技术不同阶段的关键技术。当前，大数据技术、虚拟现实技术引领技术创新的主要赛道。在经历信息化、智慧旅游、大数据应用、人工智能和虚拟现实等不同阶段后，以大数据、人工智能、虚拟现实等新一代信息技术对文化和旅游融合发展将发挥突出作用。

关键词： 文化；旅游；科技创新；大数据

一、文献来源

文章以知网"EI＋北大核心＋CSSCI＋CSCD"数据库作为国内文献研究样本。由于我国学者对文化和旅游领域的科技研究总体关注度不高，尤其是1998年以前对文化和旅游科技缺少关注，论文重点选取2010—2020年与旅游、文化和科技相关的文献进行分析。其中，"旅游"的关联词包含游客、景点、景区、酒店等主要旅游名词；"文化"的关

［基金项目］本文为研究阐释党的十九届四中全会精神国家社会科学基金重大项目《文化和旅游高质量融合发展的体制机制创新研究》子课题四《文化和旅游融合发展产业政策与市场主体创新》阶段性成果，项目首席专家：戴斌，子课题四负责人：唐晓云。本文执笔：唐晓云、谢仲文、金赛。

［作者简介］唐晓云（1976—），女，广西桂林人，管理学博士，中国旅游研究院研究员、副院长，研究方向为旅游数据与经济运行分析、科技进步与文化和旅游创新发展，E-mail：tcloudy@163.com；谢仲文（1982—），福建漳州人，工学博士，泰山学院副教授，研究方向为智慧旅游；金赛（1995—），女，河北石家庄人，桂林理工大学管理学硕士，研究方向为景区智慧管理。

联词包含电影、短视频、文学、动漫、直播、游戏、非物质文化等主要文化形式，以及博物馆、图书馆、科技馆、艺术馆等主要文化场馆；“科技”的关联词包括智慧、信息化、云计算、大数据、物联网、数字孪生、人工智能、虚拟现实、区块链、先进制造等主要技术类型等，共计675篇论文。外文文献选取Web of Science数据库核心合集作为外文文献检索来源，对其中2010—2020年与旅游（tourism）、文化（culture）和科技（Artificial Intelligence、Big data、Virtual reality、Augmented reality、Internet of things、Information technology、Smart Tourism、Application program）进行文献检索，共计236篇相关论文。上述文献是论文述评的核心范畴。

研究采用CiteSpace文献可视化分析软件进行分析。从涉及学科看，技术渗透正在加速文化旅游与技术学科的交叉融合。文献主要分布在经济与管理科学，占比为22.5%。其次是工程技术和农业科技领域占比较高，均达到15.0%。信息科技领域的相关论文占比为10%，说明在信息科技领域的相关学科的学者已经开始关注信息技术在文化和旅游领域的技术扩散，但整体关注度有提升趋势，随着新技术在文化和旅游融合领域的加大力度推广和应用，以信息技术为主的科技领域相关学科正加速与文化旅游相关学科形成交叉融合。

二、理论基础

在新经济增长理论中，资本、劳动力、人力资本以及技术进步是经济增长的内生因素，技术进步是经济增长的核心。研究表明，大部分技术进步是市场激励而导致的有意识行为。社会制度结构问题，即权力分配问题，对经济社会发展也有着重大影响。在文化和旅游创新体系中，新技术、资本、企业家能力是驱动产业创新发展的内生因素，市场需求、制度因素则是产业创新的两个全局性影响因素，两者会对技术、资本和企业家能力等都产生影响，五种力量共同驱动产业创新发展。唐晓云等学者在《中国旅游业创新与IP发展报告2018》中提出了旅游业创新驱动的“新钻石模型”（图1），构建了旅游领域的科技创新驱动机制，这一体系同样适用于文化领域的科技创新。

新技术（New Technology）驱动的文化和旅游产业体系变革是本文的研究重点。人们日常说的科技实则是科学与技术的合称，通常所指为技术，即新技术（New Technology）。推动科技支撑文化和旅游融合发展的过程，实际上是技术创新（Technological innovation）的过程，指开发新技术，或者将已有的技术进行应用创新。按照苏塞克斯大

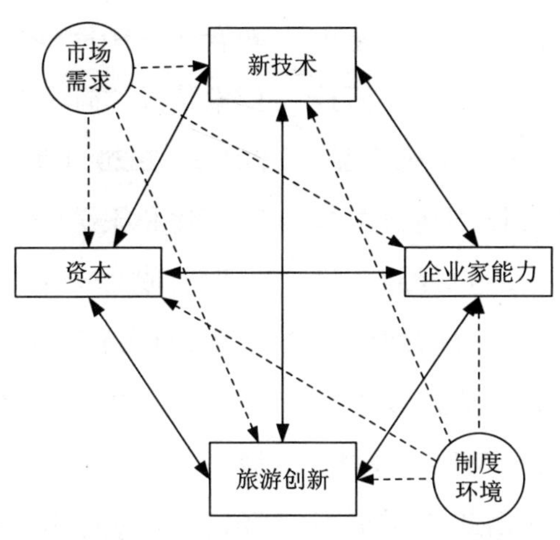

图 1　旅游业创新驱动的“新钻石模型”框架

（引自：唐晓云、李秋妍、张佳仪等《中国旅游业创新与 IP 发展报告 2018》）

学的科学政策研究所（Science Policy Research Unit，SPRU）的观点，技术创新可分为渐进性创新（Incremental Innovation）、根本性创新（Radical Innovation）、技术系统的变革（Change of Technology System）和技术—经济范式的变更（Change in Techno-economic Paradigm）四种类型，实则是技术创新的四个不同层次。技术—经济范式的变更新将包含诸多根本性的创新群，又包含大量技术系统变更，是最高层次的创新，这种创新将引起产业体系的根本变革，如同互联网通信技术的出现彻底改变了传统通信行业。从创新模式上将，技术创新可分为独立创新、合作创新、引进再创新。按照技术创新的自主程度从低到高可分为简单仿制、模仿创新以及自主创新三种层次。已有的研究表明，企业技术能力的演化和技术创新模式的升级，是引进消化吸收再创新的重要特征，实质上是技术能力和技术创新模式匹配关系形态不断演进的过程。本文将通过文献分析，探索文化和旅游产业融合发展中不同层次的技术创新行为。

从历史的观点看，科技作为第一生产力在产业发展的不同阶段发挥关键作用。就文化和旅游领域而言，包括传感技术、计算机与智能技术、通信技术和控制技术在内的现代信息技术正在成为驱动服务创新的重要动力。信息技术所带来的创新是革命性的，它改变了整个旅游业体系和游客组织方式，推动旅游业从传统企业向现代企业升级。以互联网技术、计算机与智能技术为支撑的在线旅游企业的商业模式创新，将旅游预订从实体店面转移到线上，解决了游客预订过程中信息不对称的痛点，加速推动了散客化进程；以传感技术、通信技术为支撑的地图导游、景区导航产品，解决了游客在陌生的旅游目的地自由行走的痛点，推动了自驾游、户外旅游发展；AI、VR、AR 等技术与目的地体验环境结合，形成受年轻人喜欢的技术型产品，丰富了产品体系；Wi-Fi 技术、即时翻译技术等为出境旅游提供了更多便利；具有自组织能力的区块链技术应用于酒店、航空等旅游分销平台、目的地综合分销系统极可能降低中间预定成本；等等。总而言之，以信息技术为主体的先进技术，正在从商业思想、商业模式、产品和业态、管理和分销流程上全方位推进文化旅游业的现代化进程。

三、基于 CiteSpace 的文献分析结果

（一）大数据是当前促进文化和旅游融合发展的核心技术

运用 CiteSpace 软件对相关文献引文突现分析，可以找到突现引文。突现引文是指引用量突然上升或突现下降的节点。这类节点通常代表某一研究领域的转变，突现的引文节点用红色表示。研究发现，2011—2013 年科技主要出现在“文化产业”和“对策”研究领域，科技更多地以政策和建议的方式出现在文献中，说明在这个阶段科技在文化和旅游融合发展中尚处于宏观政策推动和理论探索阶段，尚未形成相关技术创新成果。2017—2020 年间大数据一直引领科技在文化和旅游融合发展，2018 年开始虚拟现实成为文化和旅游领域融合发展中重要的科技应用（图 2），说明大数据、虚拟现实技术开始在文化和旅游融合发展中发挥作用，且支撑力度不断提升。2017 年中办、国办印发通知，推行互联网协议第六版（IPv6）规模部署行动计划。IPv6 技术是新一代互联网技术，适用于大规模、高质量、业务复杂的网络，是支撑网络技术创新、大数据应用和虚拟现实技术的基础，也是大数据、虚拟现实技术在文化和旅游领域应用和发展的基础。由此可以看出，在新一代信息技术的基础设施逐步完善的情况下，大数据、虚拟现实、人工智能、区块链等新技术正在加速向文化和旅游领域扩散。

（二）智能服务、移动应用、定位服务等是主要的技术创新场景

国外文献证实了以大数据、虚拟现实为代表的新一代信息技术对文化和旅游融合发展推动作用的有效性和示范性，重点围绕用户需求，面向文化传播有效性和服务体验品质化来研发技术在文化和旅游领域的创新应用。人工智能、移动应用、定位技术等技术创新成果较多，尤其是外文文献更加注重技术创新场景研究（图 3）。

Top 5 Keywords with the Strongest Citation Bursts

Keywords	Year	Strength	Begin	End	2010 — 2020
文化产业	2010	3.5591	**2011**	2013	
对策	2010	1.9901	**2011**	2013	
大数据	2010	2.4094	**2017**	2020	
旅游	2010	2.0143	**2018**	2020	
虚拟现实	2010	2.4239	**2018**	2020	

图 2　citation burst 分析结果

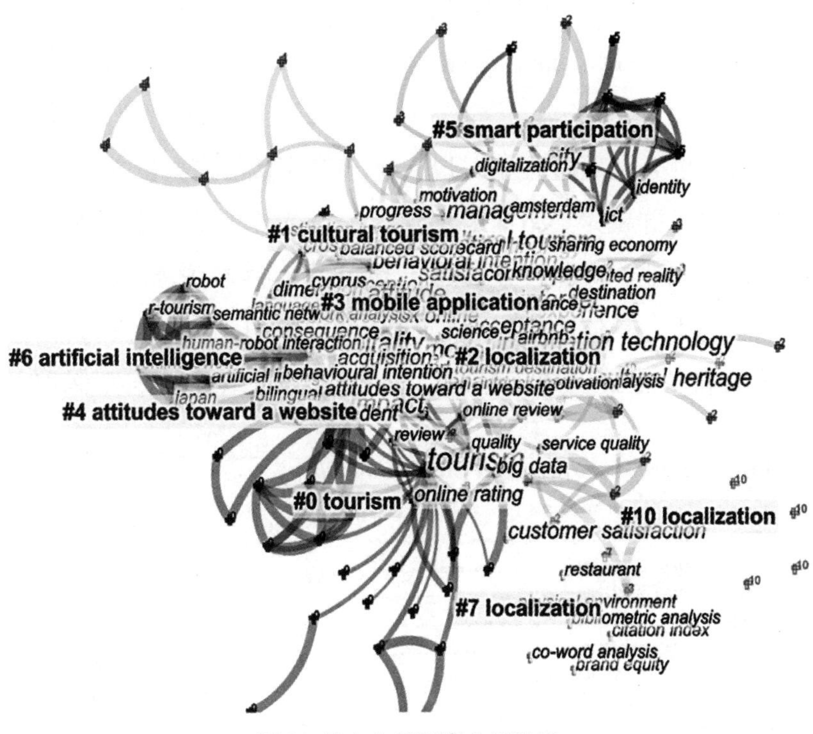

图 3　外文文献聚类分析结果

（三）大数据、人工智能引领的技术群通过“互联网 +”推动旅游主动融入文化、体育、农业等多产业领域

大数据是当前文化和旅游融合发展中最受关注的核心革命性技术，AR/VR 的应用是文化和旅游融合发展的重要技术路径和分支，如图 4 所示。人工智能、智慧旅游被普遍认可，这其中既有概念的原因（智慧旅游），也有人工智能和大数据相辅相成的作用机制。通过 CiteSpace 对排名前 23 的关键词分析可以看到，新一代信息技术中，云计算、5G、物联网、区块链比较少在文化和旅游融合发展的文献中出现。究其竟，一是云计算作为基础设施是文化和旅游融合的核心技术（大数据、人工智能等）的支撑，离文化和旅游融合本身较远；二是5G和物联网的技术现在被提得还比较少，但伴随新基建的不断推进，未来关注度可能会提高。与产业实践领域资本推动5G、区块链技术等大量出现在文化、旅游商业宣传和概念炒作中不同，理论界的学术研究则保持了相对理性，还在探索之中。

在文化和旅游融合发展过程中，以大数据为主体的技术群较为集中地运用在旅游农业、休闲农业、文化产业、旅游业等融合性产业中，具体应用主要在遗产旅游、传统村落旅游、文化旅游、乡村旅游等业态中。相关技术渗透路径主要为：相关技术通过“互联网+”（人工智能、虚拟现实、增强现实、大数据技术、区块链、物联网、5G等）的方式在数字化保存、App开发及应用、产品和服务优化等领域发挥作用，从而释放技术在文化传承、优化体验、改进管理的先进性作用，促进文化和旅游、农业、体育等领域的融合创新发展。

（四）AR/VR/MR是支撑文化主动融入旅游领域的主要技术

外文作者非常重视对文化遗产的旅游利用及其解说系统的支撑技术研究，从侧面说明，国际上在文化领域的技术创新多集中在文化遗产保护、文化的创

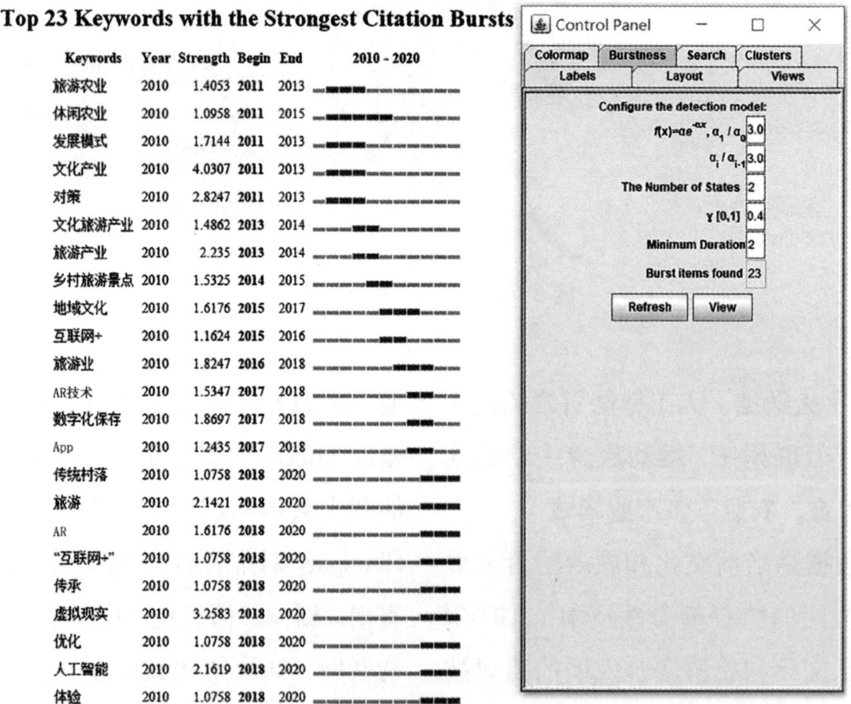

Top 23 Keywords with the Strongest Citation Bursts

Keywords	Year	Strength	Begin	End	2010 - 2020
旅游农业	2010	1.4053	2011	2013	
休闲农业	2010	1.0958	2011	2015	
发展模式	2010	1.7144	2011	2013	
文化产业	2010	4.0307	2011	2013	
对策	2010	2.8247	2011	2013	
文化旅游产业	2010	1.4862	2013	2014	
旅游产业	2010	2.235	2013	2014	
乡村旅游景点	2010	1.5325	2014	2015	
地域文化	2010	1.6176	2015	2017	
互联网+	2010	1.1624	2015	2016	
旅游业	2010	1.8247	2016	2018	
AR技术	2010	1.5347	2017	2018	
数字化保存	2010	1.8697	2017	2018	
App	2010	1.2435	2017	2018	
传统村落	2010	1.0758	2018	2020	
旅游	2010	2.1421	2018	2020	
AR	2010	1.6176	2018	2020	
“互联网+”	2010	1.0758	2018	2020	
传承	2010	1.0758	2018	2020	
虚拟现实	2010	3.2583	2018	2020	
优化	2010	1.0758	2018	2020	
人工智能	2010	2.1619	2018	2020	
体验	2010	1.0758	2018	2020	

图4 文献关键词分析结果

新性生产、呈现和传播，以及文化公共服务体验创新领域。各类研究包括应用AR技术开发增强现实导游系统、通过游客引擎传播考古遗产、文化遗产旅游中的二维码传播、遗产的激光扫码和3D可视化展示、VR（虚拟现实）和MR（混合现实）等技术用于博物馆参观、运用AR、3D技术对文化旅游资源进行解读和推广、开发观众反映系统（ARS）对旅游地产品和服务偏好进行评估、增强现实智能眼镜（ARSG）在文化旅游中的游客应用、通过游戏进行旅游营销推广、利用数字技术进行文化解释，以及可持续文化旅游管理的电子系统参与模式（表1）。

（五）主要技术的应用创新从概念引入走向纵向深化

运用CiteSpace聚类分析，从时间维度描述“文化和旅游融合发展中的科技研究”的历时演进与相互关联，横坐标为知识图谱分析的时间节点（2010—2020年），纵坐标对应关键词重组后的11大聚类（图5），可得到相关技术在文化和旅游等关联领域融合发展历史进程中的演化路径，如下所示。

大数据：2013年大数据、数字出版→2016年年中慢行系统→2018年信息技术在旅游文化中应用→2019年基于大数据进行文旅底层构建和发展路径研究。

虚拟现实：以“VR+”为中心，改

表1　2016年以来典型外文文献的研究对象和主要支撑技术

年份	研究对象	主要支撑技术
2016	建筑遗产可视化、犹太文化遗产、智能互联社区、泛在旅游服务在文化遗产旅游中的积极作用、旅游营销创新、旅游非物质文化遗产利益相关者关系	3D数据技术、旅游电子服务（应用系统）、物联网和大数据分析、互动式泛在存取旅游服务（应用）、地理定位游戏、语义网
2017	信息与文化遗产、旅游遗产保护和开发、文化遗产旅游的传播、旅游目的地文化遗产体验、釜山市海上休闲体育	虚拟旅游和全息影像、工业考古和逆向工程、二维码、智能技术、虚拟现实
2018	文化遗产旅游的传播、听觉旅游、促进马拉加市文化旅游、淹没的文化遗产、博物馆体验、美术馆参观者的学习体验	二维码、全球定位系统和音景互动技术、视频地图和影像测绘、机器人技术和虚拟博物馆、增强现实、可穿戴增强现实
2019	文化遗址增强现实导游系统、构建旅游线路、移动应用程序中的数字叙事、博物馆数字化转型、沉浸式体验、增强游客体验、技术接受度研究	增强现实、在线数据集和空间数据基础设施（网页和移动应用程序）、内容分析、收集在线数据、虚拟现实、增强现实智能眼镜、移动五感增强现实（M5SAR）系统
2020	土著知识共享	知识共享和知识保存

造传统旅游业，以体验促进文旅融合。2012 年在红色旅游中首次提出→2013 年提出虚拟旅游→2015 年室内定位、虚拟旅游→2016 年“VR+”（+ 教育、+ 园林设计等）→2017 年数字化保存与传承→2018 年增强现实→2019 年来中医药传承和古迹推广上出现 VR 技术的身影。

人工智能：以人工智能技术重塑旅游业、博物馆、非遗等资源，突出体验、交互、设计、传承等要素。2013 年引入 AR 概念→2015 年推出“互联网 +”→2017 年智慧城市、人工智能→2019 年数字化设计、数字化博物馆。

互联网信息：2013 年数字景点→2015 年互联网 + 历史文化→2019 年全景视频。

信息化：2010 年旅游公共服务平台信息化、创意产业信息化建设→2012 年文化遗产数字化、数字化保存（2017 年）到出现互动体验式培训系统（2018 年）。

物理系统：动漫 + 互联网（2016 年）→2017 年协同创新、人工智能、VR 旅游。

同样，运用 CiteSpace 聚类分析可得到受上述主要技术支撑且排名靠前的文化旅游关联领域的发展轨迹，如表 2 所示。文化旅游、文化产业、智慧旅游、旅游节庆、乡村旅游、服务体验等是文化和旅游融合的交叉领域，其主要支撑技术包括互联网（Internet）、大数据（Big data）、虚拟现实（VR）、人工智能（AI）、增强现实（AR）、区块链（blockchain）等，主要的创新应用包括商业模式创新、文化保护和旅游资源数字化、生态保护、智慧公共服务、虚拟现实服务体验、供应链协同、个性化营销和 IP 创新等。

（六）从信息化、智慧旅游到大数据，科技创新从点状突破向系统创新演进

采用 CiteSpace 相关分析，得到 2010—2020 年旅游相关 C 刊文献的相关突现关键词及对应的突现率和被引历史曲线。旅游、文化、旅游信息化等是其中研究的热点。“旅游业”主要体现在 2011—2012 年，文化产业主要体现在 2010—2013 年，而旅游信息化体现在 2012—2014 年，智慧旅游体现在 2014—2015 年，大数据体现在 2017—2020 年，旅游流体现在 2018—2020 年。通过分析相关文献，可以发现这几个突现的关键词中存在着一定的前后联系。智慧旅游是旅游信息化的进一步发展，而智慧旅游的发展离不开大数据的助力，数据流的研究更是以大数据为基础发展起来的，是大数据研究的方向之一。从信息化、智慧旅游到大数据、人工智能，旅游业领域的技术创新隐含两条发展轴：一是遵循技术自身发展路径，受电子计算机技术、互联网技术等关键共性技术影响。从文化、旅游领域信息化，网络

图 5 文献聚类分析结果

表 2 国内文献聚类主题及其主要支撑技术

聚类主题	简要说明	主要支撑技术
#0 文化旅游	学术界对文化和旅游融合研究关注较早，从 2013 年到 2019 年科技化元素不断增强	泛科技创新（2013）→智慧化和虚拟现实（2015）→区块链概念（2017）→数字化和数字文旅（2019）
#1 文化产业	文化产业的学术研究更为主动的融合“旅游”元素，所用的科技支撑技术相对旅游业而言，主要在数字媒体和个性化营销领域	文化大数据（2014）→泛科技创新，图书馆、数字媒体艺术全产业链、商业模式（2016）→个性化营销、“互联网 +”（2018）→创新发展与创意（2019）
#2 智慧旅游	以智慧为主线，从旅游信息化开始将数字化、网络化、智能化相关技术，到融入文化创意、文化资源开发、供应链协同，AR、VR 等虚拟现实文化 IP 开发的文化资源的旅游智慧化整合，并推动农业、环保等领域发展	公共服务信息化（2010）→无景点旅游、数字化虚拟、交通信息智慧化与无线网络（2013）→供应链协同（2016）→基 App 开发、基于数据的文化和旅游产业、资源研究（2017）→ 云计算、5G 技术、VR 与旅游战略选择、AR 旅游农业、生态旅游（2019）
#3 旅游节庆	以节假日、民俗活动、民族文化等为导入，展开的由科技和大数据为支撑的研究	物联网概念引入（2013）→基于大数据的旅游文化研究（2016）→基于大数据的营销模式分析

续表

聚类主题	简要说明	主要支撑技术
#4 乡村旅游	围绕乡村旅游，结合乡村文旅资源和乡村文化，展开的由科技和大数据为支撑的研究	乡村旅游信息技术推广（2014）→全域旅游背景下的科技应用（2017）→科技创新助力乡村振兴（2018）
#5 服务体验	主要研究科技的应用，提高文旅活动过程中的体验	旅游体验（2014）→文化科技融合（2015）→VR 和 AR（2018）→新媒体平台（2019）

化后的智慧旅游、大数据智能发展即是如此。二是以解决旅游经济体系的痛点问题出发的关键技术应用。如信息化，作为一个相对泛化的技术导向，更多是解决旅游企业或集团自身的交互媒介计算机化、资料数据数字化，提升运营效率。智慧旅游的技术基础网络化，网络化事实上解决了旅游服务交易环节的信息不对称这一关键难题，极大释放了先进技术“破坏性创新”带来的行业变革，创新了交易模式、商业模式，形成了在线旅游企业（OTA），从技术上支撑和促进了大众旅游时代的到来。大数据智能则是基于上述信息化、网络化两者的发展和积淀演进的结果，其与人工智能、区块链、虚拟现实等技术的结合，将推进文化旅游技术创新从单点突破实现系统创新，包括改变组织结构和管理方式、创新产品和服务方式、优化游客体验、提升运营和管理效能。

总体来说，以大数据为代表的新一代信息技术对文化和旅游融合发展的重大推动作用，在国内学术文献中已经形成共识。但国内文献大多是对大概念的方向性论述，普遍缺乏高质量的实践案例和细节性的技术方案。

（七）聚焦面向用户需求的技术创新应用更有发展前景

通过 CiteSpace 软件对外文文献进行主题聚类，得到排名前五的关键词为文化旅游、定位、移动应用、态度偏好、智能应用。从主题聚类结果，外文文献的研究更加关注定位技术和游客需求。其中，旅游和文化融合发展的技术演进路线为：文化（2010）→生态保护（2012）→示范评估（2014）→大数据、云系统设计（2016）→住宿文化感知分析（2017）→质量在线评价（2019）。文化和旅游融合中定位技术的应用十分广泛，相关文献中最早出现在定位技术在建筑相关文献（2010）。从 2016 年开始，文化旅游中的技术应用研究逐渐增强，博物馆移动应用（2016）、冒险娱乐及增强空间（2017）、3D 扫描等逐步盛行，可见在互联网及用户数据管理严格的西方发达国家，大数据、人工智能、物联网、5G 及区块链等受到数据样本限制，定位技术成为为数不多可得的研究对象。定位技术在文化和旅游领域的演化路径为：互联网革命和信息技术（2013）、艺术品识别（2015）、智慧旅游及用户定位（2016）、行政管理（2017）、生态旅游（2018）、可持续发展媒体（2019）等方面作为媒介，链接了文化和旅游的融合发展。

四、结论与展望

通过对国内外科技支撑文化和旅游融合发展的相关文献的分析研究，厘清了科技支撑文化和旅游融合发展的研究现状和历史演化进程，以及未来科技推动文化和旅游融合的可能趋势，得到以下主要结论。

（1）在先后经历信息化、智慧旅游、大数据应用、人工智能和虚拟现实等不同阶段发展后，以大数据、人工智能为代表的新一代信息技术对文化和旅游融合发展的重大推动作用已经成为共识。

（2）文化和旅游融合发展不同阶段的关键技术存在差异，当前已进入大数据技术、虚拟现实技术引领技术创新赛道。2017—2020 年间大数据引领科技在文化和旅游融合发展，2018 年开始虚拟现实成为文化和旅游领域融合发展中重要的科技应用，且支撑力度不断提升。

（3）技术在文化领域的扩散路径有别于在旅游领域。研究发现，AR/VR/MR 技术是支撑文化主动融入旅游领域的主要技术。以大数据、人工智能引领的技术群则通过“互联网 +”推动旅游主动融合文化、体育、农业等多产业领域。

（4）技术渗透正在加速文化旅游与技术学科的交叉融合，并促进消费场景不断延伸、服务体验不断优化、管理效率不断提升、旅游业态不断创新。

（5）国内研究者更关注宏观层面的科技方向和面向产业的应用创新，外文研究者更加重视微观层面的研究，关注技术支撑旅游活动中的文化展示、知识传播和服务体验，案例研究深入细致。

可以预见，新一轮科技革命将更加深入到文化和旅游发展全链条，深刻影响文化和旅游的融合发展。从学术研究看，需要更多关注新场景、新需求、新业态中科技对文化和旅游深度融合的关键作用。在产业实践层面，要高度重视企业数字化、网络化、智能化，回应消费者需要，形成以需求引导的科技创新格局。

参考文献

［1］陈悦，陈超美，胡志刚，等．引文空间分析原理与应用：CiteSpace 使用指南［M］．北京：科学出版社，2014.

［2］Sun Y，Song H，Jara A J，et al. Internet of Things and Big Data Analytics for Smart and Connected Communities［J］. IEEE Access，2017（4）：766–773.

[3] Bec A, Moyle B, Timms K, et al. Management of immersive heritage tourism experiencs: A conceptual model [J]. Tourism Management, 2019, 72 (JUN.): 117–120.

[4] Miguel maicas J, Jose vinals M. Design of a Virtual Tour for the Enhancement of Lliria's Architectural and Urban Heritage and Its Surroundings [J]. Virtual Archaeology Review, 2017, 8 (17): 42–48.

[5] Trunfio M, Campana S, Magnelli A. Measuring the impact of functional and experiential mixed reality elements on a museum visit [J]. Current Issues in Tourism, 2019 (9): 1–19.

[6] Keske C, Smutko S. Consulting Communities: Using Audience Response System (ars) Technology to Assess Community Preferences for Sustainable Recreation and Tourism Development [J]. Journal of Sustainable Tourism, 2010, 18 (8): 951–970.

[7] Ardissono L, Kuflik T, Petrelli D. Personalization in Cultural Heritage: the Road Travelled and the One Ahead [J]. User Modeling and User–adapted Interaction, 2012, 22 (1): 73–99.

[8] Howell R, Chilcott M. A sense of place: Re–purposing and impacting historical research evidence through digital heritage and interpretation practice [J]. International Journal of Intangible Heritage, 2013, 8 (2): 165–177.

[9] Chiabai A, Paskaleva K, Lombardi P. E–participation Model for Sustainable Cultural Tourism Management: a Bottom–up Approach [J]. International Journal of Tourism Research, 2013, 15 (1): 35–51.

[10] Di pietro L, Mugion R G, Renzi M F. Cultural Technology District: a Model for Local and Regional Development [J]. Current Issues in Tourism, 2014, 17 (7): 640–656.

[11] Ng L Y, Lee Y. Confucian–heritage Travel Bloggers: Chinese Singaporean and South Korean Perspectives [J]. Journal of Vacation Marketing, 2014, 20 (2): 149–162.

[12] Caro J L, Hansen S. From Photogrammetry to the Dissemination of Archaeological Heritage Using Game Engines: Menga Case Study [J]. Virtual Archaeology Review, 2015, 6 (12): 58–68.

[13] Roberts R. 'The Untold Story': the Mediated Female Ghost in England's Blenheim Palace [J]. European Journal of Cultural Studies, 2015, 18 (1): 35–51.

[14] Caro J L, Luque A, Zayas B. New Technologies for the Interpretation and Promotion of Cultural Tourism Resources [J]. Pasos–revista De Turismo Y Patrimonio Cultural, 2015, 13 (4): 931–945.

[15] Shi M, Zhu W, Yang H, et al. Applying Semantic Web and Big Data Techniques to Construct a Balance Model Referring to Stakeholders of Tourism Intangible Cultural Heritage [J]. International Journal of Computer Applications in Technology, 2016, 54 (3): 192–200.

[16] Graziano T, Privitera D. Cultural heritage,

tourist attractiveness and augmented reality: insights from Italy [J] . Journal of Heritage Tourism, 2020, 15 (4): 1–14.

[17] Tait E, Laing R, Grinnall A, et al. (re) presenting Heritage: Laser Scanning and 3d Visualisations for Cultural Resilience and Community Engagement [J] . Journal of Information Science, 2016, 42 (3): 420–433.

[18] Kim S, Youn SH, Um S, et al. The Mediation of Information Technology on Visitors' Experience at a Cultural Heritage Site [J] . Asia Pacific Journal of Tourism Research, 2016, 21 (10): 1126–1141.

[19] Mitsche N, Strielkowski W. Tourism E–services and Jewish Heritage: a Case Study of Prague [J] . European Journal of Tourism Hospitality and Recreation, 2016, 7 (3): 203–211.

[20] Blaya F, Nuere S, Islan M, et al. Scanning Application for the Study, Preservation and Exploitation of Heritage Tourism: a Case Study of a Set of Underground Cellars – Declared Spanish Good of Cultural Interest (bic) [J] . Arte Individuo Y Sociedad, 2017, 29 (1): 167–180.

[21] Ramos CMQ, Rodrigues JMF. Tourism and Technology: a Religious Tourist Experience Framework [J] . Rosa Dos Ventos–turismo E Hospitalidade, 2017, 9 (1): 32–48.

[22] Lee S J. A Review of Audio Guides in the Era of Smart Tourism [J] . Information Systems Frontiers, 2017, 19 (4): 705–715.

[23] Cheeyong K, Kim J, Jung S, et al. Marine Leisure Sports Based on Realistic Vr System for Bleisure Busan [J] . International Journal of Grid and Distributed Computing, 2017, 10 (10): 69–78.

[24] Hausmann A, Weuster L. Possible Marketing Tools for Heritage Tourism: the Potential of Implementing Information and Communication Technology [J] . Journal of Heritage Tourism, 2018, 13 (3): 273–284.

[25] Dell'erba R, Moriconi C, Trocciola A. Can Robotic Technology Save Cultural Assets Submerged? [J] . Archeomatica–tecnologie Per I Beni Culturali, 2018, 9 (3): 22–26.

[26] Dieck M C T, Jung T H, Dieck D T. Enhancing Art Gallery Visitors’ Learning Experience Using Wearable Augmented Reality: Generic Learning Outcomes Perspective [J] . Current Issues in Tourism, 2018, 21 (17): 2014–2034.

[27] He Z , Wu L , Li X R . When art meets tech: The role of augmented reality in enhancing museum experiences and purchase intentions [J] . Tourism Management, 2018, 68 (OCT.): 127–139.

[28] Ogalla mancheno E, Caro herrero J L, Luque gil A. Video Mapping: Opportunity and Use as a Factor to Promote Cultural Tourism in the City of Malaga [J] . Pasos–revista De Turismo Y Patrimonio Cultural, 2018, 16 (4): 889–908.

[29] Galloway K. Curating the Aural Cultures of the Battery: Soundwalking, Auditory Tourism and Interactive Locative Media

Sound Art [J] . Tourist Studies, 2018, 18 (4): 442–466.

[30] Giaccone SC, Bonacini E. New Technologies in Smart Tourism Development: the #izitravelsicilia Experience [J] . Tourism Analysis, 2019, 24 (3): 341–354.

[31] Rodrigues J , Ramos C , Pereira J , et al. Mobile Five Senses Augmented Reality System: Technology Acceptance Study [J] . IEEE Access, 2019 (99): 163022–163033.

[32] Basaraba N, Conlan O, Edmond J, et al. Digital Narrative Conventions in Heritage Trail Mobile Apps [J] . New Review of Hypermedia and Multimedia, 2019, 25 (1): 1–30.

[33] Ricart S, Ribas A, Pavon D, et al. Promoting Historical Irrigation Canals as Natural and Cultural Heritage in Mass-tourism Destinations [J] . Journal of Cultural Heritage Management and Sustainable Development, 2019, 9 (4): 520–536.

[34] Serravalle F , Ferraris A , Vrontis D , et al. Augmented reality in the tourism industry: A multi-stakeholder analysis of museums [J] . Tourism Management Perspectives, 2019, 32: 100549.

[35] Lee CB. Qualitative Analysis of Cultural Tourism Websites of Municipalities in Taiwan [J] . Information Technology for Development, 2020, 26 (1): 38–53.

[36] Mcginnis G, Harvey M, Young T. Indigenous Knowledge Sharing in Northern Australia: Engaging Digital Technology for Cultural Interpretation [J] . Tourism Planning & Development, 2020, 17 (1): 96–125.

[37] Guillen herrera S R, Vera pena V M. The Impact of the Technos Cience in the Management of the Tourism Based in the Community [J] . Revista Universidad Y Sociedad, 2020, 12 (3): 20–26.

[38] Solima L, Izzo F. Qr Codes in Cultural Heritage Tourism: New Communications Technologies and Future Prospects in Naples and Warsaw [J] . Journal of Heritage Tourism, 2018, 13 (2): 115–127.

[39] De bernardi P, Bertello A, Shams S M R. Logics Hindering Digital Transformation in Cultural Heritage Strategic Management: an Exploratory Case Study [J] . Tourism Analysis, 2019, 24 (3): 315–327.

[40] Han D D, Dieck M C T, Jung T. Augmented Reality Smart Glasses (arsg) Visitor Adoption in Cultural Tourism [J] . Leisure Studies, 2019, 38 (5): 618–633.

[41] Swensen G, Nomeikaite L. Museums as Narrators: Heritage Trails in a Digital Era [J] . Journal of Heritage Tourism, 2019, 14 (5): 525–543.

[42] 戴斌 . 数字时代文旅融合新格局的塑造与建构 [J] . 人民论坛，2020 (Z1)：152–155.

[43] 戴斌 . 文旅融合时代：大数据、商业化与美好生活 [J] . 人民论坛 · 学术前沿，2019 (11)：6–15.

[44] 许骏，潘欣，魏阙 . 长白山科技与文化旅游融合发展的路径研究 [J] . 东疆学刊，2021，38 (2)：29–33.

[45] 马斌斌，陈兴鹏，陈芳婷 . 基于社交大数

据的敦煌旅游流多尺度时空分异特征［J］.经济地理，2021，41（3）：202–212.

［46］李凤亮，杨辉.文化科技融合背景下新型旅游业态的新发展［J］.同济大学学报（社会科学版），2021，32（1）：16–23.

［47］唐晓云，戴慧慧，彭建.旅游领域的科技发展：回顾与展望［J］.中国旅游评论，2020（3）：27–32.

［48］唐晓云.信息技术推动我国旅游产业转型升级的探讨［J］.商业时代，2010（25）：122–123.

［49］喻国明，杨雅，曲慧，等.5G时代“视频+”的重要应用场景研究［J］.中国编辑，2020（11）：9–15.

［50］金元浦.全球竞争下5G技术与中国文化创意产业的融合新变［J］.山东大学学报（哲学社会科学版），2020（5）：74–85.

［51］吴黎围，熊正贤.区块链视域下康养休闲特色小镇同质化问题及破解——以云贵川地区为例［J］.湖北民族大学学报（哲学社会科学版），2020，38（3）：64–72.

［52］刘安乐，杨承玥，明庆忠，等.中国文化产业与旅游产业协调态势及其驱动力［J］.经济地理，2020，40（6）：203–213.

［53］杨艳红，李根潮，蔡意茹，等.天津智慧型生态文化旅游发展策略研究［J］.城市发展研究，2020，27（2）：18–23.

［54］滕书筠.壮族文化元素与创意设计产业融合方略研究［J］.广西民族大学学报（哲学社会科学版），2019，41（6）：104–108.

［55］宫平.我国旅游信息服务研究脉络与热点分析——基于多学科视角的文献计量与可视化［J］.图书馆，2019（9）：85–91.

［56］王赛兰.智慧旅游背景下文化旅游资源的传播困境［J］.旅游学刊，2019，34（8）：5–6.

［57］戴克清，陈万明.增强现实型科技旅游产品开发的条件模型及评价——以故宫博物院为例［J］.贵州社会科学，2019（7）：142–149.

［58］邓宁，刘耀芳，牛宇，等.不同来源地旅游者对北京目的地形象感知差异——基于深度学习的Flickr图片分析［J］.资源科学，2019，41（3）：416–429.

［59］杨更生，王东，孙彬.“一带一路”下旅游文化产业的大数据体系架构与实施途径研究［J］.干旱区地理，2019，42（1）：187–194.

［60］谢慧敏.大数据融入文化旅游品牌的理论图式：以江西为例［J］.企业经济，2018，37（11）：92–99.

［61］孙旭，吴赟.全媒体情境下城市旅游形象传播的理念、路径与策略［J］.传媒，2018（12）：75–78.

［62］黄炜，孟霏，朱志敏，等.旅游演艺产业内生发展动力的实证研究——以张家界为例［J］.旅游学刊，2018，33（6）：87–98.

［63］张仁汉.以“旅游+传媒”助推全域旅游新发展的现实路径［J］.宁夏社会科学，2018（3）：243–247.

［64］曹三省，王春华，李灿.VR/AR在文化旅游与影视中的应用创新与趋势［J］.科技导报，2018，36（9）：57–60.

游客需求视角的文化和旅游科技创新探索

《文化和旅游高质量融合发展的体制机制创新研究》子课题组四*

摘　要：科技创新是一个国家或地区经济增长的核心动力。文章在对现代创新理论进行梳理的基础上，遵循科技创新要坚持需求导向和问题导向，围绕“怎样的科技创新才能推动文化和旅游高质量发展”“游客满意应是检验文化和旅游科技创新好坏的标准”等问题进行了调查分析，提出了以需求引领文化和旅游科技创新及相应创新体系建设的对策建议。

关键词：游客；需求；文化；旅游；科技创新

一、引言

习近平总书记在不同场合多次强调，“科技是国家强盛之基”“我国经济社会发展和民生改善比过去任何时候都更加需要科学技术解决方案，都更加需要增强创新这个第一动力”。在2020年科学家座谈会上，习近平总书记又明确了科技创新要“坚持需求导向和问题导向”这一关键问题。随着大数据、人工智能、虚拟现实等新一代信息技术迅猛发展，文化和旅游领域的科技创新日新月异。如何运好科技新动能推动文化和旅游高质量融合，是当前推进现代文化产业体系、现代旅游业体系建设必须回答的问题。在大众旅游背景下，就首先要研究行业科技需求，尤其是研究游客在旅游过程中的科技需求、文化和旅游企业及行业管理部门的科技需求，通过探索科技支撑文化和旅游发展的影响因素、作用机制、演化规律，以及科技创新模式、演化路径和保障体系等问题，构建形成有利于文化和旅游领域科技创新的制度保障和市场环境。本文将重点研究游客需求视角的文化和旅游融合发展中的科技支撑问题。

［基金项目］本文为研究阐释党的十九届四中全会精神国家社会科学基金重大项目《文化和旅游高质量融合发展的体制机制创新研究》子课题四《文化和旅游融合发展的科技与大数据支撑》阶段性成果，项目首席专家：戴斌，子课题四负责人：唐晓云。本文执笔：戴慧慧、唐晓云。

［作者简介］戴慧慧（1988—），女，江西九江人，工学硕士，中国旅游研究院助理研究员，研究方向为旅游统计及市场分析、旅游科技与数据建设；唐晓云（1976—），通讯作者，女，广西桂林人，管理学博士，中国旅游研究院研究员、副院长，研究方向为旅游数据与经济运行分析、科技进步与文化和旅游创新发展，E-mail：tcloudy@163.com。

二、科技创新理论回顾

科技创新（Science and technology innovation）是一种认识自然、改造自然的认识活动和实践活动。科技创新可理解为科学发现和技术创新两部分。科学发现是科学创新的核心概念，技术发明是技术创新的核心概念[1]。现代创新理论的创立者美国经济学家约瑟夫·熊彼特（Joseph Alois Schumpeter）将创新引入了宏观经济系统。他在其著作《经济发展理论》中提出，创新是“建立一种新的生产函数”，就是把一种从来没有的关于生产要素和生产条件的“新组合”引进生产体系中去，以实现对生产要素或生产条件的“新组合”[2]。他还指出，“创新是经济发展最本质的属性”“创新是一种创造性破坏”等一系列创新理论[3]。无论如何，科技创新与社会实践之间相互影响和互为依存的关系不言而喻。

科技创新是产业变革的决定力量。根据孙祁祥、周新发等学者的研究，早期的古典经济学、新古典经济增长理论和熊彼特创新理论及新熊彼特主义等经济理论从不同视角和层面对科技创新进行了阐释[4]。亚当·斯密（Adam Smith）在《国民财富的性质和原因的研究》中从社会分工角度说明了科技对推动经济增长的促进作用[5]。斯密认为，社会分工深化有利于提升劳动者技能，从而促进技术进步，提高劳动力水平。索洛（R. Solow）在生产函数中引入技术变量，假定技术是一种外在变量，提出了索洛增长模型，指出经济增长包括技术创新的作用[6]。阿罗（K. J. Arrow）的研究得出技术创新对经济增长具有促进作用，提出了技术因素内生化模型。格罗斯曼（Grossman）和赫尔普曼（Helpman）首次在内生经济增长理论中加入技术转移和内生技术创新，解释了在经济增长中技术进步推动效率提高，为发达国家经济增长方式的加速转变作出了解释。弗里曼（Freeman）提出了政府科技创新政策体系，较早提出了国家创新系统理论（National Innovation System）[7]。科勒（Keller）提出，通过技术扩散过程可以把科技成果变为现实生产力，变为新产品和新工艺，再变为经济增长和效益。经济学家的研究表明，科技是促进经济增长的关键因素。

如何在文化和旅游融合发展中释放科技创新动能是一个更为重要的问题。从产业实践看，“互联网 +”已经成为大众旅游新场景，智慧旅游新动能[8]。近20年来以信息技术、通信技术、高速交通等为代表的关键共性技术的发展提升了旅游行业现代化水平，改变了旅游活动的组织方式、旅游服务形式、旅游业组织架构，推动了旅游商业模式创新、产品和业态创新，并由此形成了新的劳动分工和职业岗位，大大提升了旅游行业生产效率和公共管理服务效能[9-10]。李凤亮等人研究认为，应以科技创新推动文化旅游业态创新[11]。李洪峰提出，“演艺文化”等传统文化形态与先进技术的融合是一种必然，应大幅度增加文化创新的有效供给[12]。韩林提出，运用现代信息技术提升旅游景区的“智慧”服务水平是智慧景区建设的重点[13]。钟海生等的研究指出，科技创新对旅游消费、政府管理和产业格局等存在影响，要提升科技创新在旅游领域的应用效能，技术选择和符合需求的场景化运用非常关键[14]。Bec A（2019）[15]、Stamboulis Y（2003）[16]、邹驾云[17]等学者的研究认为，沉浸式旅游体验可以丰富游客参与和互动。Aebli A（2019）的研究表明，通过游戏化技术可以激发游客体验积极性[18]。张骥和董浩宇等认为，5G技术在旅游景区等智慧文旅可丰富和优化游客体验[19-20]。于桐和王宁等研究发现，VR可以激发人们的旅游灵感，助力旅游营销[21-22]。王蕾、花建等研究表明，沉浸式体验是满足主题乐园游客需求的新路径[23-24]，王希云对红色景区游客的沉浸式体验的研究得出了类似结论[25]。

游客的体验感知可作为检验科技支撑文化和旅游好坏的标尺。研究表明，技术先进性为游客带来的新鲜感和科技感，对游客体验满意度有明显提升作用。Kim（2020）等研究证实了技术先进性对游客幸福感和行为意图中具有调节作用[26]。Bogicevic（2017）研究认为，机场自助服务技术与旅客的信心收益和享受之间存在正相关关系[27]。陈丽等从智慧旅游建设层面研究了网络覆盖条件、游客接收信号强弱等科技相关基础设施条件对游客体验的相关性，得出了类似结论[28]。Hu R.（2021）、Wei W（2019）等研究认为，AR技术在戏剧表演中的应用可促进游客的积极情绪[29]，让游客在游玩中有更多存在感[30]。Jung T（2015）提出，AR应用程序中的内容质量在游客满意度中的重要作用[31]。王婕霏对智慧酒店的游客体验感知进行了测量，结果表明，过于技术化缺乏内容创新的消费场景达不到顾客期望值，会降低影响顾客满意度[32]，施思等学者的研究也证实了这一点[33]。游客对科技项目的技术认知和服务人员的科技素养也会影响游客满意度。欧静、陈喆等研究发现，顾客对包括个人信息保护等科技安全性认知缺乏，影响体验者的科技焦虑感，反而是简单易操作的科技设施能带给游客更好体验[34-35]。此外，有研究表明，App交互性强将激发游客冲动购买行为。

综上，科技创新在文化和旅游产业发展中的作用日益彰显，有必要从游客视角去探索文化和旅游科技创新方向，为文化和旅游科技创新提供指引。

三、游客视角的文化和旅游科技创新调查与分析

（一）数据来源

调查以游客为对象，问卷内容包含游客科技体验感触、满意程度、需求、期望等几个方面，调查在中国旅游研究院旅游经济重点实验室调研平台上开展，采用简单随机抽样方式进行，样本分布为全国31个省份的居民。此次调研共获得有效样本6946个样本，其中男性占66.9%，女性为33.1%，为有偏样本、非正态分布。25岁以下的受访者占19.7%，26~35岁受访者占比52.8%，36~45岁受访者占比24.1%，45~60岁受访者占比3.1%，60岁以上的占比0.3%。样本与当前我国旅游市场结构总体一致，信度约为85%，样本可靠性较强，具有一定代表性。

研究利用SPSS工具进行数据清洗、描述统计和交叉统计分析，探索游客视角的文化和旅游科技需求，挖掘文化和旅游科技创新方向。

（二）主要发现

1. 安全和便捷是游客对科技创新的基础性需求

游客最关注通过科技提升安全感和便捷性。调查显示，超过50%的游客认为“安全/便捷”“尝试新鲜事物”促使他们去体验旅游科技。“科技体验很潮”“可以学习知识”等也是游客体验科技的重要原因。亲子研学旅游市场潜力巨大，近20%的游客对文化和旅游科技体验是为了带小孩体验。

游客对文化旅游活动的智能化和便利性需求强烈。越来越多的游客希望自己有一个智能化、安全性、便利化的高质量服务体验。超过50%的游客希望提升文化旅游服务的智能化水平，34.71%的游客希望技术给文化旅游体验带来时尚感（图1）。

智能行程规划技术最受游客期待。超过半数游客对科技助力行前的行程规划和智能推荐最期待，其次是服务预订、景区/目的地导游导览和即时购买，分别占比46.13%、36.70%、35.96%（图2）。

游客非常关注文化旅游公共服务的技术赋能。调查显示，旅游公共服务最受游客关注，69.32%的游客认为旅游公共服务最需要，35.68%的游客认为目的地基础设施最需要。高端装备制造、面向散客的导览服务等文化旅游体验也受关注。

2. 面向不同群体需提供差异化的科技创新服务和产品

年轻人对科技服务需求最为强烈。26~35岁对各项科技服务期待最大，50%左右26~35岁的游客期待行程规划、智

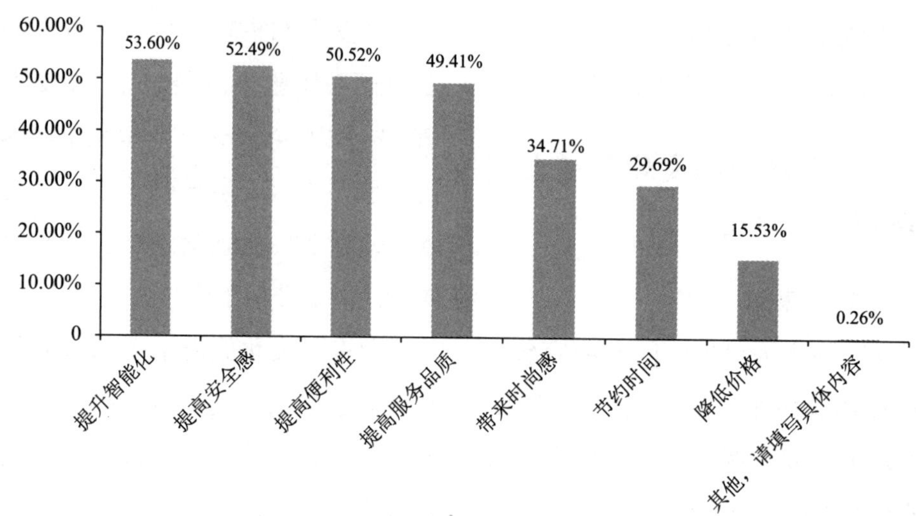

图 1　游客所关注技术改善方向

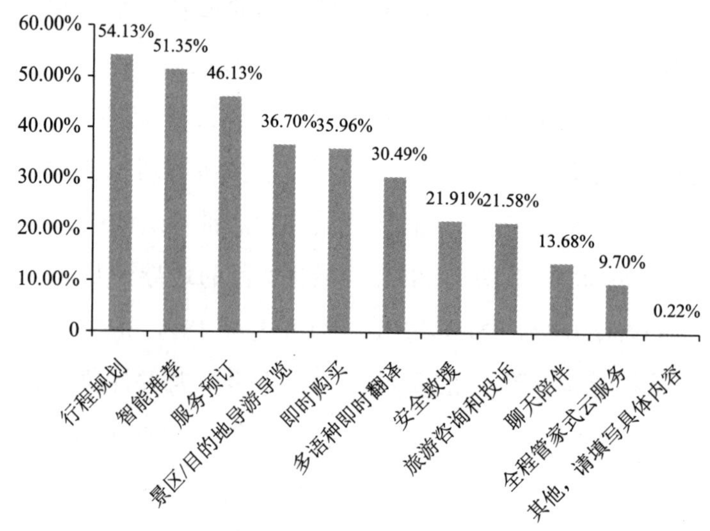

图 2　游客最期待科技助力的服务领域

能推荐等科技服务。科技为旅游活动带来便利性是所有游客的共识，其中数 25 岁以下的游客最为在意，数据显示含 63.4% 的 25 岁以下游客最关注科技为其旅途带来便利性。智能、便利和人文关怀是 25 岁以下年轻人期待能通过科技服务实现的。

老年人对科技服务价格最为敏感。老年人最关注科技能降低旅游产品价格，其次是旅游服务质量，对时尚感和时间节约方面要求较弱。技术改善旅途的便利性是众多游客最关注的问题，月收入最低和月收入最高的游客尤为关注，月收入最低和最高游客中均超过六成关注技术为旅游活动带来便利性。

年轻人爱“尝鲜”，中老年人更爱舒适和便利。25岁以下的游客对时尚、新事物和便利度有着更高要求。数据显示，25岁以下的游客中60%左右的人认为旅游科技体验给他们带来时尚和便利度，“尝鲜”需求明显。45~60岁和60岁以上中老年游客中超过50%的认为旅游科技为他们提升了便利度和舒适度。

一线城市更期待面向散客的自助式定制服务。自助的定制旅游已经成为部分一线城市民众的期待，超过六成的北京、上海和广东等游客最期待。

3. 游客满意和获得感可作为衡量科技创新好坏的标准

科技可大幅提升旅途的新鲜感和时尚感。超过五成的受访者认为，网络预订、扫码入园、智能导游、智能交通导引等科技体验能为其带来新鲜、时尚、安全、便利、舒适的感受。科技能给游客带来更多美好生活新体验。54.95%、49.48%、48.49%的游客认为科技能为旅途带来便利度、安全感和舒适度，46.5%的游客认为科技能增加旅途的新鲜和时尚（图3）。

游客对夜间科技文化展陈满意度明显。对各项科技场景进行满意度指数建构并分析，发现预约旅游得到游客的一致认可，游客对扫码入园、VR/AR虚拟现实等科技体验满意度位居前列，对光影制造等夜间科技文化展陈好评明显。

4. 未来的科技创新需加强场景应用、提高交互性和性价比

“智能技术＋高端制造”具有广阔发

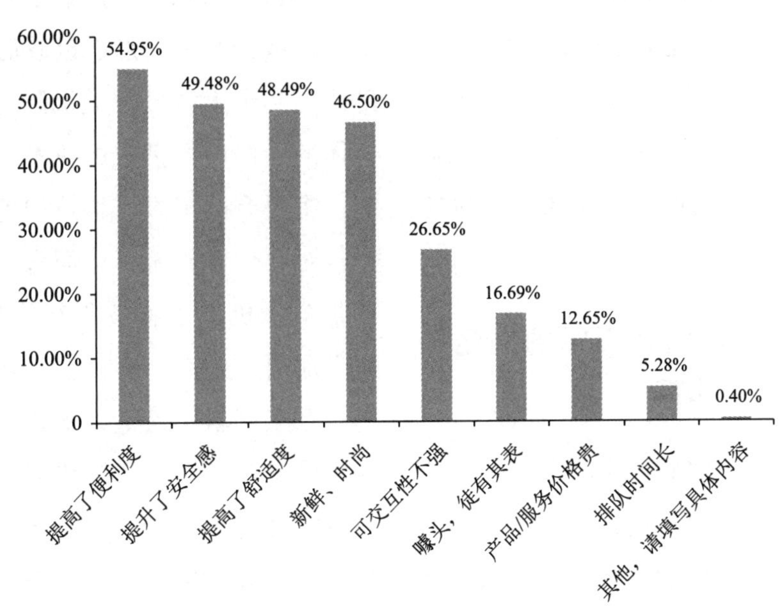

图3 游客对旅游科技体验感知

展前景。调研发现，智能交通导引、环保厕所等公共服务体系急需优化，房车/游轮游艇等高端装备市场应加大布局力度，同时需引导高端装备产业链的加快升级。

游客需要更有内涵、交互性强的创新。体验过光影制造科技展陈、智能导游、智能服务机器人、智能交通导引的游客中均有20%左右的认为徒有其表；体验过智能导游、服务机器人、智能交通导引游客中超过30%的人认为可交互性不强。

旅游科技体验意愿与游客经济收入成正相关。收入越高，意愿值越高，但到达一定高度后，“尝鲜”水准并不能满足中产阶级的高质量体验。

性价比影响游客对科技服务的参与度。12.7%的游客认为旅游科技产品服务价格贵，其中，光影制造高科技展陈、VR/AR虚拟现实体验、房车/游轮游艇等高端体验项目游客中，14.1%、13.9%、18.8%的游客认为产品价格贵，性价比不高。

四、构建以需求引领的文化和旅游科技创新体系

戴斌指出，改革开放以来旅游业的全部发展进程表明，只有了解需求和满足需求，才能保证旅游业的健康稳定可持续发展。本研究的调查结果很好地验证了这一判断：超过90%的游客愿意花更多的钱或时间体验旅游科技。不同群体的科技服务消费有明显差异，年轻人对科技体验需求最为迫切，老年人对科技服务的价格最为敏感。相较于年轻人关注时尚、新鲜事物等“尝鲜”需求，中老年人偏爱科技服务带来的舒适和便利，更期盼科技能否优化旅游咨询和投诉服务。由是出发，旅游领域的技术创新必须忠于游客需要，才能形成持续发展的动能。

（一）区分政府和市场职能，形成更加有效的创新体系

从国际经验看，投资和竞争性环境是提高产业生产率的有效方式。无论是市场缺位，还是政府越位，都会降低产业创新体系的效率。将服务国家战略的科技创新体系和面向产业发展的技术创新体系区分开来，形成以政府主导的基础研究和重大科技攻关机制、以企业为主体的面向市场需求的技术应用研发系统，将更有助于国家科技创新效率的提升。对文化和旅游行业而言，实验室经济是竞争机制下科技创新的有效模式。迪士尼研究中心、喜达屋品牌创新实验室、万豪创新实验室、雅高酒店开放创新实验室是其中的成功典型。鉴于旅游领域的IP创新、产品和服务创新、商业模式创新等往往失于知识产权保护，知识外溢性很强，政府部门需要为此构建

相应的知识产权保护体系。在新发展格局下，培育由企业和科研机构联合研发的实验室经济是一种值得尝试的路子。

（二）理顺体制机制，培育产研结合的科技创新模式

构建面向市场的创新体系顶层设计。会同发改、科技、中宣、财政、工信、教育等部门梳理部门职责，理顺文化和旅游科技创新体制机制，构建文化和旅游领域理论研究、科技研发、技术应用和推广示范的联合工作机制。编制文化和旅游领域科技创新专项规划，对政府部门主导推进的基础公共领域与市场化创新领域进行区分，提出旅游科技创新的支持方向和主要领域。推动设立以企业为主、产研结合的科技创新实验室，培育以企业为主的科技创新体系。

以资金和指南引导技术创新方向。设立科技创新引导基金，以提供培训、成果转化等专项补贴方式，引领和推动市场主体深挖需求，面向政府文化和旅游治理体系和治理能力现代化水平提升，面向满足游客个性化、品质化和不同层次消费需求，提供技术创新资金支持。通过定期发布文化和旅游科技创新指南和研究报告，为各类资金参与科技投资提供方向参考。设立文化和旅游部科技支撑研究项目，给予适当资金支持，培育科技支撑的市场主体。对基础研究、公共领域的科技创新及产业创新典型进行示范推广，优化文化和旅游科技创新市场供给。

优化文化和旅游科技创新环境。借鉴发达国家的工业互联网思维，通过标准化、流程化和知识产权保护等方式对数据的生产、分配、流通和消费进行必要的规范，以及伦理审查。借鉴国际经验，加强对商业模式创新、品牌创新、内容创新等领域的知识产权保护。研究致力于创造一个自由的环境和宽容的氛围，让最富有创造力的企业家在任何可能的方向上自由地探索，培育为游客创造美好生活和消费场景的数字技术服务商。深入了解需求，理解市场，引导地方政府和市场主体重视科技创新和内容创造。

（三）加快推进专业型和复合型人才培养

加强企业、高校、机构专项人才培养的产学研合作，推动文化、旅游、新技术等多学科融合的复合型人才培养。制订专门人才计划，面向企业和高校机构，遴选文化和旅游科技领域的专业型、复合型优秀人才，给以研究课题支持。

参考文献

［1］刘巍．恩格斯科技创新思想研究［J］．马克思主义与现实，2012（3）：84–88.

［2］约瑟夫·熊彼特．经济发展理论［M］．何畏，易家详，等，译．北京：商务印书馆，

2020.
[3] 严成樑，龚六堂 . 熊彼特增长理论：一个文献综述 [J] . 经济学（季刊），2009，8（3）：1163–1196.
[4] 孙祁祥，周新发 . 科技创新与经济高质量发展 [J] . 北京大学学报（哲学社会科学版），2020，57（3）：140–149.
[5] 亚当・斯密 . 国民财富的性质和原因研究 [M] . 北京：商务印书馆，2002.
[6] Solow R M. “Technical change and the aggregate production function”. Review of Economics and Statistics，1957，39（3）：312 — 320.
[7] Freeman Chritopher. Unemployment and technical innovation：a study of long waves and economic development [M] . Frances Printer，1982.
[8] 戴斌 . 以互联网场景化拓展智慧旅游新空间 [EB/OL] . 中新经纬，2021.
[9] 唐晓云，戴慧慧，彭建 . 旅游领域的科技发展：回顾与展望 [J] . 中国旅游评论，2020（3）：27–32.
[10] 唐晓云 . 信息技术推动我国旅游产业转型升级的探讨 [J] . 商业时代，2010（25）：122–123.
[11] 李凤亮，杨辉 . 文化科技融合背景下新型旅游业态的新发展 [J] . 同济大学学报（社会科学版），2021，32（1）：16–23.
[12] 李洪峰 . 推进文化与科技融合加快发展当代演艺文化 [J] . 艺术百家，2011，27（1）：1–4.
[13] 韩林 . 基于体验经济下的智慧景区信息化产品创新研究 [J] . 旅游论坛，2014，7（6）：70–73.
[14] 钟海生 . 旅游科技创新体系研究 [J] . 旅游学刊，2000（3）：9–12.
[15] Bec A ，Moyle B ，Timms K ，et al. Management of immersive heritage tourism experiencs：A conceptual model [J] . Tourism Management，2019，72（JUN.）：117–120.
[16] StamboulisY ，Skayannis P . Innovation strategies and technology for experience-based tourism [J] . Tourism Management，2003，24（1）：35–43.
[17] 邹驾云 . “沉浸式”体验助力文旅消费提质升级 [J] . 人民论坛，2020（15）：84–85.
[18] Aebli A. Tourists’ motives for gamified technology use [J] . Annals of Tourism Research，2019，78.
[19] 张骥，杨文昕，梁晓辉，等 . 5G 智慧文旅在宽窄巷子景区的应用探索 [J] . 通信与信息技术，2020（5）：50–54.
[20] 董浩宇，陈浩 . 5G 技术在旅游景区的应用及成效 [J] . 中国商论，2021（10）：48–51.
[21] 于桐 . VR 技术之下的旅游业发展现状以及展望 [J] . 中国多媒体与网络教学学报（上旬刊），2019（5）：235–236.
[22] 王宁，杨玉新 . 顾客体验视角下 VR 技术在旅游景区营销中的应用 [J] . 商业经济，2018（3）：71–73.
[23] 王蕾，张林，石天旭 . IP 沉浸体验：主题乐园发展新路径 [J] . 出版发行研究，2019（2）：32–36，14.
[24] 花建，陈清荷 . 沉浸式体验：文化与科技融合的新业态 [J] . 上海财经大学学报，2019，21（5）：18–32.
[25] 王希云，何赛飞，史博源 . 沉浸式体验在

红色旅游景区中的应用探索［J］. 城市建筑，2021，18（36）：56–58.

［26］Kim M J，C Lee，M W Preis. The impact of innovation and gratification on authentic experience，subjective well–being，and behavioral intention in tourism virtual reality：The moderating role of technology readiness［J］. Telematics and Informatics，2020. 49：101349.

［27］BogicevicV ，Bujisic M ，Bilgihan A，et al. The impact of traveler–focused airport technology on traveler satisfaction［J］. Technological Forecasting and Social Change，2017，123（oct.）：351–361.

［28］陈丽，暴莹. 大连云背景下智慧旅游发展的实证研究——基于游客体验的视角［J］. 生产力研究，2016（3）：86–89.

［29］Hu R，Wang C，Zhang T，et al. Applying augmented reality（AR）technologies in theatrical performances in theme parks：A transcendent experience perspective［J］. Tourism Management Perspectives，2021，40，100889.

［30］Wei W ，Qi R ，Zhang L . Effects of virtual reality on theme park visitors' experience and behaviors：A presence perspective［J］. Tourism Management，2019，71（APR.）：282–293.

［31］Jung T ，Chung N ，Leue M C . The determinants of recommendations to use augmented reality technologies：The case of a Korean theme park［J］. Tourism Management，2015，49（aug.）：75–86.

［32］王婕霏. 再论“智慧酒店”对顾客体验的价值感知［J］. 中国管理信息化，2020，23（7）：93–95.

［33］施思，黄晓波，张梦. 沉浸其中就可以了吗？——沉浸体验和意义体验对旅游演艺游客满意度影响研究［J］. 旅游学刊，2021，36（9）：46–59.

［34］欧静，吴秀沛. 基于顾客体验的酒店新技术应用研究［J］. 商场现代化，2019（2）：6–8.

［35］陈喆，刘梦浩. 旅游 App 在线服务体验与游客满意度关系研究［J］. 经济研究导刊，2021（33）：43–45.

旅游目的地推广中的文化和旅游融合：国际实践和经验借鉴

《文化和旅游高质量融合发展的体制机制创新研究》子课题组五 *

摘　要：在世界范围内，旅游目的地推广中的文化和旅游融合实践早已有之。由于每个旅游目的地的具体情况和所处环境等相关因素的差异，所选择的融合模式也有所不同。为了更好地推动我国旅游目的地推广中的文化和旅游融合进程，有必要梳理当前旅游目的地推广中文化和旅游融合的国际实践，从丰富的融合经验中获取营养。

关键词：目的地推广；文化和旅游融合；国际实践；经验借鉴

一、旅游目的地对外推广的文化旅游融合模式分类

根据《辞海》的定义，文化有广义和狭义之分，广义指人类在社会实践过程中所获得的物质、精神的生产能力和创造的物质、精神财富的总和。狭义指精神生产能力和精神产品，包括一切社会意识形态：自然科学、技术科学、社会艺术形态。有时又专指教育、科学、文学、艺术、卫生、体育等方面的设施与知识。由此可知，无论文化的广义还是狭义界定，都与旅游有着密不可分的联系。有意思的是，如果说旅游是异地的生活方式，那么，这种对旅游的认知天然与文化相关。雷蒙·威廉斯（Raymond Williams）就强调："在任何一个社会中，任何一个头脑中，文化即日常生活（Culture is ordinary，in every society and in every mind）。"[1] 事实上，世界主要旅游目的地在对外推广过程中，文化和旅游融合的模式早已有之，普遍存在且是动态变化的。

一方面，各目的地或者利用自身的特有文化优势开发和推广与之相对应的优势旅游产品，如意大利利用自身的文化遗产优势推广旅游。或者注重利用自

［基金项目］本文为研究阐释党的十九届四中全会精神国家社会科学基金重大项目《文化和旅游高质量融合发展的体制机制创新研究》子课题五《条块协同与对外推广机制创新》阶段性成果，项目首席专家：戴斌，子课题五负责人：杨劲松。本文执笔杨劲松。

［作者简介］杨劲松（1976—），四川三台人，博士研究生，中国旅游研究院副研究员、国际旅游研究所（港澳台研究所）所长，研究方向为国际旅游，E-mail：smartyjs@126.com。

身的综合文化实力提升目的地吸引力，开发系列衍生产品，如美国。也存在旅游者在前往目的地前对其文化并没有深入了解，到访原因只是单纯的观光或度假，但是抵达后由于近距离接触和频繁交流对其独有文化产生兴趣，开始更深入的了解和互动。文化认知交流的目的显著强化，同时与文化相关的旅游产品的吸引力显著加强，逗留时间有可能延长，选择偏好也有显著的变化，旅游业也有更大可能从中获益。

由此，可以将目的地的文化和旅游融合推广模式主要分为文化先导型、旅游先导型以及文化和旅游共轭三种（表1）。文化先导型是在游客心智模式中已经有比较优势文化的印记，出于需求满足的压力，驱动参与旅游活动。在文化先导型中，由于优势文化的不同，又可分为不同的亚型，如历史遗产文化先导型、动漫文化先导型、文化创意先导性、强势文化输出先导型等。在旅游先导型中，由于游客心智模式中并没有存在比较优势文化的印记，因此参与旅游活动是游客接触目的地文化的开端。如果旅游活动的参与要素中有强有力的文化符号和有效的传播，那么将或多或少地驱使游客产生了解相关文化的兴趣。旅游产品创新和针对性推广的机会也由此产生。由于旅游先导型中游客接触相关文化的机会和旅游产品以及相关服务的文化可见度和文化服务便利度有关，因此可以按照不同要素分为酒店产品先导型、景区产品先导型、交通服务先导型、饮食产品先导型、娱乐产品先导型、购物

表1　各国旅游目的地对外推广的文化和旅游融合类型

类型	特征	亚型
文化先导型	旅游地具有某种优势文化且影响力强 由文化影响产生旅游动机 旅游产品开发和推广围绕某种优势文化展开	历史遗产文化先导型、动漫文化先导型、文化创意先导性、强势文化输出先导型
旅游先导型	旅游地文化影响力相对较弱，但旅游产业相对较强，且有意识在资源分配和要素构建中提升文化可见度和文化服务便利度 注重将某种特色文化植入旅游要素中，在提升文化影响力的同时，提升旅游产品的吸引力和竞争力	酒店产品先导型、景区产品先导型、交通服务先导型、饮食产品先导型、娱乐产品先导型、购物产品先导型等
文化和旅游共轭型	文化和旅游融合的高级阶段，难度大。推广有强有力的产业支撑。文化和旅游融合成为产业自觉，效果较前两种类型更为明显	前两种类型的亚型都有可能成长为此类型。表现形式往往是：文化先导型 + 和旅游先导型 +。即在文化先导型亚型基础上，同时有某一种旅游先导型亚型，如历史遗产文化先导型 + 酒店产品先导型，在此类产品中，游客访问目的地是了解当地的历史遗产，可以通过入住具有历史文化遗产的酒店达成目的

产品先导型等。文化和旅游共轭型实际上是前两种类型的高级阶段，文化和旅游紧密融合在一起，相互借力，互相支撑。由于事实上游客参与旅游或文化活动的原因既有文化的因素，又有旅游的因素，而且两种因素往往紧密交织在一起，难以区分。在后面分析的目的地推广中，往往同时存在两种类型，或者是文化先导型以及文化和旅游共轭型，或者是旅游先导型以及文化和旅游共轭型。

二、各旅游目的地的融合实践

（一）美国

美国是文化先导型以及文化和旅游共轭型。体现在有强势的文化输出，文化和旅游融合面广，内生动力充沛，产出丰富，辐射力强，产业影响和市场带动能效大。有完善的文化设施、发达的文化产业（影视、音乐、出版、媒体、动漫等）和丰富的文化旅游产品。推广有强有力的产业支撑，并且本身就是推广的一部分。比如，影视旅游及其相关衍生产品。有纽约、好莱坞等城市的影视拍摄地、电影节庆；环球影城、迪士尼乐园等打造的主题游乐、娱乐传媒、动漫游戏、IP 授权等文创产业链等。影视主题公园互动、沉浸式的体验使游客更深入地理解其中的文化内涵。在体育旅游方面，美国有职业棒球超级碗、篮球赛事观战游、NBA 全明星周末、体育名人堂等，也为目的地推广提供了明显的助力。教育旅游和演艺旅游也同样如此[2]。通过夏令营和美国留学，游客可以“享受麻省的文化瑰宝、美食以及典型的美国故事”[3]。

（二）日本

日本同样是优势文化输出先导型以及文化和旅游共轭型。日本是文化输出大国，日本的传统文化、动漫二次元等成为文化和旅游对外推广的载体[4]。突出体现在日本动漫文化与旅游产业结合上。动漫文化已经成为日本文化的一部分，《桃太郎》《樱桃小丸子》《铁臂阿童木》《灌篮高手》《海贼王》《名侦探柯南》等都是大家耳熟能详的动漫作品，有强大的动漫产业体系。在旅游目的地推广上，日本的经验主要有：第一，以具有世界影响的动漫 IP 为基础，建立了具有世界影响的动漫主题公园，如川崎市的“藤子不二雄纪念博物馆”和“三鹰森吉卜力美术馆”。第二，将虚拟世界的影响力延伸至真实世界。比如，京都动画公司制作出品的电视动画片《轻音少女》，该剧火爆上映后，剧中的背景延伸至现实中的滋贺县犬上郡丰乡町小学旧校舍，每年吸引大量游客前往。日本秋叶原动漫风情一条街，在旅游产品和旅游服务中积极加入动漫元素，利用动漫来吸引游客前来游玩观赏[5]。也模糊了虚拟世界与真实世界的界限，并产生了巨大的流量。东京的“海贼王”主题乐园，将青山冈昌的故乡开发为“柯南”小镇，在藤子·F.不二雄的故乡修建了“哆啦A梦”博物馆等。这就是动漫迷的“圣地巡礼”[6]。而动漫场馆的兴建有助于营造特定的消费情境，并扩大动漫的受众群体，将动漫受众转化为游客。以强势动漫IP为依托，开发动漫场馆与品牌乐园，将普通游客转化为动漫受众，最终实现文化产业的全盘布局[7]。在旅游形象IP创造方面，日本熊本县的“熊本熊”是典型案例。“熊本熊”的创造和开发，使得以农业经济为主导并且没有较丰富旅游资源的熊本县成了日本的旅游热门地[8]。熊本熊呆萌的形象不仅出现在熊本县出产的各种商品中，还广泛活跃在旅游推广活动的一线，通过策划熊本熊“走失”“腮红丢失”等话题活动，利用熊本熊的“名人效应”，增加熊本县的媒体曝光度，提升目的地知名度，吸引国内外游客到访。第三，用文化视角审视和再造旅游元素，用旅游视觉强化文化元素影响。比如，日本生鱼片、寿司和清酒等日本传统美食既是旅游要素，又是能够引导流量的日本特色文化表现形式。为了向世界传播日本传统饮食文化魅力，使日本美食成为吸引外国游客访日的一张王牌，日本农林水产省曾在财政预算中，专门拨款培养“和食传道士”，在世界各地开展“和食推广项目”活动[9]。

（三）韩国

韩国是影视文化先导型以及文化和旅游共轭型。韩国利用影视娱乐文化来推广文化旅游资源，促进入境旅游发展。

韩国希望“将文化、旅游培育成21世纪的国家战略产业”。借助文化产业营销旅游，将韩国的美食文化、时尚文化等特色文化传播到世界各地，努力将对韩国文化有兴趣的受众转变成游客。韩国热播影视剧拍摄的场地往往成为旅行社热卖的线路，同款产品往往掀起购买狂潮。依靠上游产业链条中的电影、电视产品在全球形成的吸引力，根据影视情节包装推广韩国各个地区的景点，利用影视元素开发以带动文化旅游产品开发如影视基地体验旅游。在这一模式下，韩国文化和旅游部门相互配合，形成“影视＋旅游”的产业互动。比如韩国电影《冬季恋歌》的外景拍摄地江原道南怡岛等地就吸引了众多游客到访。再如依托热播电视剧《大长今》，开发以韩国传统宫廷美食以及传统民俗体验为卖点的主题旅游产品。通过文化产业树立和优化韩国形象，增进受众对韩国的好感，进而产生赴韩旅游行为，购买韩国消费品，并获得优质旅游体验，产生良好口碑和社交传播，再借此吸引更多的游客。这就是韩国通过文化和旅游融合推广旅游目的地的经验[10]。

（四）英国

英国是特色文化先导型以及文化和旅游共轭型。英国历史传统深厚，传统与现代交相辉映，文化软实力位居世界前列。作为全球首个工业化国家、曾经的日不落帝国，英国的政治制度，凯恩斯主义、进化论等学说，莎士比亚戏剧等文学巨著，大英博物馆等文化遗产世界闻名；职业足球、披头士乐队等现代流行文化也深受欢迎。英国通过对外输出创意产品，传播着英国的文化，持续地影响着人们的生活习惯、标准，乃至价值观，为潜在访客创造了巨大的遐想空间，实现了从“保守绅士”到“创意先锋”的形象转型。英国曾推出“非凡英国”国家形象品牌计划，以“价值观念＋生活方式”，通过展现英国的深厚历史、文化氛围、先进技术和发展前景，构建与各国民众身份认同，取得了良好效果[11]。

利用文化节事打造区域旅游名片是英国的重要经验。具有国际影响力的文化节事除了在短期内可以吸引大量游客到访外，还能与（城市）区域品牌形象捆绑，作为一张当地的旅游名片，成为对外宣传推广的重要媒介之一。比如，英国的爱丁堡市是依托文化节事推销城市旅游的最佳典型。爱丁堡艺术节是世界上最著名的艺术节之一，每年都会吸引来自世界各地的音乐大师以及数百万国际游客。这一艺术节包揽了国际艺术节、边缘艺术节、军乐队分列式、爵士艺术节、国际电影节和图书展，汇成一个雅俗共赏的全球艺术嘉年华，爱丁堡国际艺术节因此成为爱丁堡城市的象征和标志。

（五）法国

法国是历史文化遗产先导型、旅游购物先导型以及文化和旅游共轭型。

法国历史悠久，建立了很多的古迹，名胜古迹数不胜数。法国是文化和旅游强国，法国把文化和旅游结合起来推广，是文旅融合的典范。法国利用自身的文化优势结合旅游推广，让游客对法国这个旅游目的地充满了向往。悠久的历史和文化是法国特有的优势，很多小说、戏剧、电影都有法国的形象，这些都在无形中提升了法国的知名度，成为游客选择法国作为目的地重要的因素之一。巴黎的文化对全世界都有吸引力，巴黎特有的文化氛围和知名度为巴黎带来了源源不断的游客[12]。

法国拥有悠久的历史和独特的法兰西文明，沉淀了大量的故事素材。丰富的历史典故与法国现代的旅游景点相互交错，为法国叙述其景点故事提供了丰富的历史素材，赋予了景点浓厚的历史色彩，频繁地服务于旅游营销当中，往往使游客“望景生情”。比如，巴黎的埃菲尔铁塔、圣母院、凯旋门和卢浮宫四大建筑是最具代表性和知名度最高的故事素材，以这四大建筑为背景的电影、宣传片以及构造的故事数不胜数，吸引着来自世界各国的游客。另外，雨果、莫里哀、莫奈、梵高等文学与艺术巨匠也为法国旅游目的地营销提供了难得的故事素材。

实施文化多样性的战略使得法国城市的文化色彩斑斓，吸引了各种文化背景的游客目光。比如，法国无数的画展和画廊，吸引了众多的文化旅游者前往[13]。

法国的经验还在于与产品品牌强强联手提升目的地知名度。旅游目的地与产品品牌的联合影响可以互相加持，虚实结合，实现同时提升产品品牌和目的地品牌知名度的共赢效应。2016 年在法国发生的多次恐袭、罢工等事件后，为了促进法国旅游业，香奈儿与巴黎政府部门合作，香奈儿在巴黎连续办了多场大秀，其邀请函附上了巴黎旅游指南，以求让国际高端消费者与时尚媒体的关注度重新回到巴黎。香奈儿还与巴黎市政府合作，资助建设时尚博物馆。

（六）西班牙

西班牙是特色文化先导型以及文化和旅游共轭型。西班牙的人文旅游资源丰富，文化古迹较多，特别是拥有许多被称为欧洲三绝之一的王宫、建筑和城堡，历史文物价值高[14]。西班牙注重旅游与文化的结合，在旅游产品的开发中适度利用其历史文化资源，大力开发文化旅游。斗牛、弗拉门戈舞、民间节日活动等给所有旅西的游客留下难忘的印象；众多的博物馆、美术馆、教堂、古城是西班牙文化旅游的重要组成部分；饮食无疑也是西班牙具吸引力的特色文化之一。利用这些丰富的历史文化资源，西班牙开发了可以满足游客个人品位的多类文化旅游线路，如安达卢西亚之旅（阳光和文化、古迹和美食）、塞法尔之旅（犹太文化）、城堡游、葡萄酒之旅、艺术之旅、民间建筑之旅、美食之旅等。西班牙还推出的圣地亚哥之路、白银之路、唐·吉诃德之路三条重要的文化旅游线路。西班牙注重塑造整体的国家旅游品牌，积极发挥文化特色对国家整体形象的塑造和推广作用，因时而进。先后使用“西班牙，一切都在阳光之下”“西班牙—生活激情”“西班牙真棒”等主题或形象[15]。

（七）泰国

泰国是旅游先导型以及文化和旅游共轭型。泰国文化历史悠久，其文学、艺术、绘画、民俗等都有独特的风格。泰国政府重视维护本民族的文化，认为泰国文化是其国格的表现，是维护国家团结的重要根基，对国家的稳定繁荣有很大影响。通过发展旅游，泰国文化为全世界的人们所认识与了解。文化借旅游得到发扬，旅游借文化得到充实。泰国的旅游推广手段多种多样。每年泰国花费巨资印制精美的泰国风光和民族文化艺术招贴画，出版介绍泰国旅游胜地、旅游常识、旅馆和交通等图文并茂的小册子，向外国旅行社和游客免费发放，这类小册子在机场、地铁站、旅游点、宾馆等场所都可免费获取。旅游小册子大都以英文、泰文印制，对每个旅游点的介绍十分详细，包括交通、住宿等。泰国的英文报纸、中文报纸，也经常刊登介绍泰国旅游名胜古迹的专刊；在外国电视台放映有关泰国旅游胜地、民族节日、风俗习惯的电视片。其旅游驻外机构经常在当地举办报告会、座谈会和联欢会，邀请旅行社、航空公司、社团及新闻媒体人士参加，介绍泰国风土人情，播放旅游观光影片，散发旅游宣传品，举行泰国风景图片及民族传统艺术展览。还邀请国外著名作家、记者到泰国旅游，请他们撰写宣传泰国旅游的文章。有时与当地航空公司和旅行社联合举办宣传泰国旅游事业的展览、民族舞蹈演出及泰丝时装表演等活动。泰国国际航空公司还与私人旅行社组织旅游宣传团，到国外举行形式多样的“旅游泰国”宣传。在泰国国内，定期举办“旅游泰国盛会”，将整个泰国风貌的缩影在曼谷的萱庵蓬公园展现出来：各具特色的房屋、民族风俗、土风舞及歌唱表演的民族服装、民众生活再现、手工艺品制作表演、特殊风味食品烹调表演等。

需要注意的是，泰国影视剧强化了泰国旅游目的地的形象，激发域外受众前来泰国旅游的兴趣和情感需求。就泰国文化传播而言，影视剧不仅展示了泰国的舞蹈、音乐、宗教等传统文化，而且影视剧的名人明星效应也为推广泰国文化发挥了重要作用。网友通过自己的观展 / 表演行为，不断将泰剧中的花卉知识充分挖掘出来，引起网友赴泰国旅游的兴趣[16]。

三、经验启示

（一）强化旅游推广中的文化元素和内容，助力良好国际形象的建构

习近平总书记发表的系列讲话中，对于国家形象塑造提出了系列指示。2013 年 12 月，习近平总书记在十八届中央政治局第十二次集体学习时的讲话上指出：“要注重塑造我国的国家形象，重点展示中国历史底蕴深厚、各民族多元一体、文化多样和谐的文明大国形象，政治清明、经济发展、文化繁荣、社会稳定、人民团结、山河秀美的东方大国形象。”2021 年 5 月，习近平总书记在十九届中央政治局第三十次集体学习时的讲话上提出：“要更好推动中华文化走出去，以文载道、以文传声、以文化人，向世界阐释推介更多具有中国特色、

体现中国精神、蕴藏中国智慧的优秀文化。要注重把握好基调，既开放自信也谦逊谦和，努力塑造可信、可爱、可敬的中国形象。”根据习近平总书记关于国家形象塑造的讲话精神，旅游推广作为传播中国文化和塑造中国形象的重要途径，应进一步依托文化要素和内容提升我国旅游对海外民众的吸引力。在深入了解国家和地方资源特点和推广特征基础上，明确优势类型和可用工具包，一地一策，一地多策。对于入境游客而言，来华旅游本身就是一场文化盛宴，来中国不仅感受中华五千年积淀下来的传统文化，也会体验中国人民的当代生活和文化。秀丽独特的自然风光自然会吸引广大入境游客前来，但背后的文化才是吸引入境游客反复到访的根本原因。在旅游对外推广具体工作中，要更好地贯彻习近平总书记关于国家形象塑造的系列讲话精神，学习和借鉴国际经验，积极将中国传统和现代的文化元素有机融入旅游推广。

（二）深挖“地标性”文化元素，强化文化旅游目的地形象

对于每个国家和地区而言，都有自己独特的文化标签，这些文化标签使得一个国家/地区与其他国家/地区直接区分开来，构成本国/地区的独特性，将这种“地标性”文化融入旅游目的地对外推广，可以直接赋能目的地品牌的差异化。这些文化元素使目的地形象更加具体化，是旅游对外推广的重要载体，反过来，以旅游为载体更好地输出本国文化，形成文化和旅游推广相互促进的良性循环。泰国以佛教文化的载体，如寺庙、节庆、佛教研修班、泰式微笑同样是泰国旅游目的地形象的核心构成。类似地，日本除了传统文化中的和服、武士精神，更加现代的动漫、二次元等也常常出现在各类营销推广视频及活动中。对中国而言，除了要结合当代生活，深入挖掘中国传统文化中的功夫、熊猫、长城、剪纸等元素，还要用更加现代、时尚的方式展现这些元素及其背后的中国文化。各省市，尤其是作为越来越独立旅游目的地的部分城市，在契合城市气质的基础上，可以尝试专门研发旅游IP，并配合各种营销活动推广相关的旅游景点、产品和线路。在地方对外旅游推广中，特别注重借助影视娱乐文化推广文化旅游资源。伴随着我国影视剧境外输出能力的不断提升，某些电视剧的热播甚至直接增加了相关旅游景点的到访量。如《延禧攻略》在东亚、东南亚等国热播，直接增加了故宫的热度和访客量。除了收获影视剧热播带来的“正外部性”，旅游推广部门也可以借鉴韩国的营销模式，主动向热播的影视剧借力，对影视拍摄地进行有针对性的推广。利用影视娱乐文化来推广文化旅游资源可以快速提升已有景点的热度，并通过丰富目的地形象内容，提升潜在国际游客对目的地整体形象的认知和好感。影视公司和电视台承担制作，地方旅游推广部门负责拍摄地宣传包装，企业负责相关产品生产销售。

（三）利用文化节事活动打造旅游热点

具有国际影响力的文化节事除了在短期内可以吸引大量游客到访外，还能与（城市）区域品牌形象捆绑，作为一张当地的旅游名片，构成对外营销推广的重要内容。中国传统节庆活动已形成一定的国际影响力。自 2010 年春节开始，文化部会同国家相关部委、各地文化团体和驻外机构在海外共同推出“欢乐春节”文化交流活动，使中国的农历春节在全球各国的知名度进一步提升，这一活动也成为推广中国文化的重要窗口。伴随文化和旅游部门重组，“欢乐春节”活动也可被更多地赋予旅游推广的功能。除了用好这一品牌节事活动外，各文化和旅游推广部门可进一步梳理已有节事，或者发掘具有潜在国际竞争优势的文化活动，打造新的节事品牌，通过提升城市整体的国际知名度，进而吸引游客到访。

参考文献

［1］胡惠林．文化经济学［M］．第 2 版．北京：清华大学出版社，2014.

［2］付业勤，罗艳菊，司婷婷．国外旅游地文化软实力发展的典型经验、模式总结与现实启示［J/OL］．［2020-09-16］．资源开发与市场：1-10.

［3］陈青霞．文化软实力视角下的入境旅游目的地营销［D］．北京：首都经济贸易大学，2014.

［4］罗东霞，刘敏．日韩“东亚文化之都”文旅融合经验及其启示［J］．旅游学刊，2020，35（7）：9-11.

［5］沈秋彤．日本动漫文化对其旅游业的影响［J］．旅游纵览（下半月），2015（11）：318-320.

［6］李彬．日本动漫旅游的一个成功案例：埼玉县［J］．文化学刊，2019（1）：94-99.

［7］王玉坤．日本动漫产业链探析［J］．当代动画，2019（2）：82-85.

［8］李雪．吉祥物经济：打造城市品牌建设的新思路——以日本熊本县吉祥物“熊本熊”为例［J］．青年记者，2017（9）：92-93.

［9］金春梅，凌强．文化软实力视角下的日本观光立国战略［J］．世界地理研究，2014，23（3）：110-116，148.

［10］周清．韩国文旅融合对贵州的启示［N］．贵州日报，2016-04-21（004）.

［11］付业勤，罗艳菊，司婷婷．国外旅游地文化软实力发展的典型经验、模式总结与现实启示［J/OL］．［2020-09-16］．资源开发与市场：1-10.

［12］杭宇．法国发展文化和旅游产业对我国的启示［J］．中国商论，2019（24）：93-94.

［13］胡华导．法国国际旅游目的地在中国的故事营销策略研究［D］．广州：广东外语外贸大学，2019.

［14］林雅玮．西班牙何以成为“旅游王国”［J］．旅游纵览（下半月），2015（12）：111.

［15］张红颖．西班牙旅游业发展经验对中国的启示［J］．科协论坛（下半月），2008（10）：159–160，121.

［16］胡言会，王小娟．泰国影视剧的传播经验对巴蜀文化产品品牌开发的启示［J］．四川戏剧，2019（2）：39–42.

国际旅游推广与文化相结合的经验与借鉴

——以美国为例

《文化和旅游高质量融合发展的体制机制创新研究》子课题组五*

摘　要： 旅游业是美国第一大服务出口业，第二大出口行业，占全美货物与服务出口总额的10%，因此美国无论从政府还是业界，都高度重视本国旅游产业的国际推广。而在实际的国际营销推广中，美国旅游机构也非常注重文旅资源引入与产品创新设计，擅长使用高度市场化的手段，为美国入境游的营销成功起到了重要保障和指引作用。本文简述了美国旅游行业的协会角色、国家层面的品牌营销机构，以及地方与城市旅游局在推广目的地当中，如何利用文化资源，引入文化机构与自己合作，如何通过举办丰富的文化类活动的形式，与旅行社同业、与媒体从业者建立联系，如何以主题文化的形式，包装开发产品，触达客源地细分市场。同时，提炼了部分文化机构的海外市场营销举措，如何与旅游行业机构合作，瞄准游客市场，实现增长。最后，在借鉴美国成熟经验基础上，为中国旅游主管机构及营销单位提出了若干对策。

关键词： 美国；旅游业；国际推广；海外营销

一、前言

在旅游目的地国际推广的相关实践中，各个旅游发达国家的旅游推广机构长期以来比较重视在推广过程中旅游内容与文化的深度结合，通过文旅深度融合的方式开展深入旅游目的地的国际营销推广。作为国际上比较重要的入境旅游目的国，美国各级旅游推广机构在实践中积累了丰富的文旅融合经验。相比

［基金项目］本文为研究阐释党的十九届四中全会精神国家社会科学基金重大项目《文化和旅游高质量融合发展的体制机制创新研究》子课题五《条块协同与对外推广机制创新》阶段性成果，项目首席专家：戴斌，子课题五负责人：杨劲松。本文执笔：赵宽、张丽丽。

［作者简介］赵宽（1982—），河南郑州人，中国旅游研究院博士后，新西兰怀卡托大学管理学博士，现任职于海南亚特兰蒂斯商旅发展有限公司，研究方向为旅游目的地营销、旅游人才、旅游企业社会责任、体育旅游等，E-mail：zhaokuan.fosun@foxmail.com；张丽丽（1986—），女，黑龙江七台河人，北京第二外国语学院旅游管理硕士，现任职于一鼎国际文化传媒（北京）有限公司，研究方向为旅游目的地营销、展会组织、海外社交媒体运营等，E-mail：1256981642@qq.com。

之下，我国在旅游目的地海外推广过程中，长期存在重形式轻绩效、重宣传轻营销、重政府轻企业等问题，因此借鉴美国旅游境外营销相关成熟实践对于我国开展旅游产业的境外推广具有积极的借鉴意义。

二、美国旅游推广机制介绍与分析

入境旅游业是美国第二大出口服务业，是美国拉动就业岗位、地方和联邦经济、平衡贸易逆差的有力工具，因此，长期以来，美国高度重视本国文旅产业的国际营销和推广，通过各级境外营销机构以及与相关大型旅游企业的合作，在全球各主要客源地进行了长期、系统并积极有效的国际推广工作。

美国国会与各级政府非常重视旅游产业的发展，长期致力于提供积极的环境，减少旅行服务贸易自由化的制度障碍、促进旅游业增长。而在这个机制中，社会力量，尤其是如美国旅游协会这样的行业类协会起到了非常重要的作用。

美国旅游协会（U.S. Travel Association）创立于1941年，是全国性的非营利组织，在美国共有1100多个会员单位，致力于维护旅游行业从业者利益、关注行业机会与挑战，推动旅游业的发展，积极协调和推动政府推出有利于旅游业发展的政策，促进行业细分领域的交流与共通；提供技术性工具、研究成果与行业资源，帮助协会成员更有效地参与并影响联邦、州和地方各级涉旅政策；长期组织每年一度、全美最大的入境旅游展IPW，通过吸引全球的旅游采购商、媒体与利益相关者来到美国一对一洽谈、组织买家与媒体体验美国旅游资源与产品；同时通过全国旅游营销峰会（ESTO），分享最佳实践经验，帮助目的地了解世界最新的科技、消费趋势[1]。

1996年由于预算原因，美国政府旗下的旅行和旅游局停止运营，在这之后，美国一直没有国家层面的官方旅游推广机构。一直到2009年美国旅游推广局（Brand USA）成立，开始代表国家开展旅游推广营销。美国旅游推广局通过公关代理服务的形式，与分布在全球各主要客源国的代理机构来辅助其实现海外市场的深耕与拓展[2]。

同时，美国国家、州、市的旅游行业，也组织成立了各自的营销推广机构。美国旅游推广局与各州市旅游推广机构合作伙伴保持良好的沟通与互动、通过各类项目：如共同开展路演、参加展会、发起培训、采购媒体内容与广告、组织旅行社、媒体、红人考察等，强调资源之间的联系以及描绘更大的美国故事，争取来自行业的支持资金[3]。

三、美国旅游推广文旅融合机制介绍

美国各层级、各类别的旅游目的地境外营销机构都非常重视在推广过程中旅游与文化的融合，从实际效果来看，文旅融合能更有效地覆盖了细分市场的受众、丰富了旅游吸引物，同时建立目的地感知，强化目的地体验。目的地通常还将社科人文、赛事、节庆、学校资源、营地资源、影视与音乐、民族多样化、知名品牌等内容纳入推广，将目的地“带”到游客眼前，建立体验与目的地之间的联想[4]。

（一）旅游推广中的文旅融合

1. NBA 和马拉松带火美国体育旅游

NBA 是美国旅游产品中的一大亮点品牌，因此美国各州市的旅游推广机构都将自己州市的 NBA 球队比赛作为重点内容进行推广，如洛杉矶旅游局、明尼苏达州旅游局、旧金山旅游协会、芝加哥旅游局、新奥尔良旅游局等都将自己主场的球队、NBA 场地、赛事计划、培训营地等信息纳入目的地游览手册等宣传材料，引导旅行社将其开发出主场参观、NBA 观赛、NBA 学习营、跟 NBA 球员面对面等不同类型的产品。

芝马组委会与芝加哥旅游局合作，为中国地区预留参赛名额。通过与运动 App、媒体和第三方机构进行合作，上线赛事展示海报，介绍芝加哥城市；招募网红跑手，写文章描述跑步感受与记录在目的地跑步体验等方式，在热爱跑步和关注马拉松的人群里，建立城市品牌影响力[5]。

2. 高尔夫球赛推动高端游客市场

美国是全球高尔夫运动和文化的第一大国，拥有超过 1.4 万家高尔夫球场和过半的世界百佳球场，以及众多的高尔夫运动明星，同时还拥有包括 PGA 锦标赛、大师杯等众多国际顶级高尔夫赛事，对于全球各地的高尔夫球迷具有强大的吸引力，因此，美国国内各旅游目的地通常会以知名高尔夫赛事为推广契机，将 PGA、大师杯等重要赛事纳入推广计划，针对高端定制社和高尔夫球组织者进行定向宣传。比如说，明尼苏达州旅游局曾将 2016 年莱德杯作为项目进行推广，联合中国的高尔夫球旅行社，开发产品，组团前往观赛，并在赛后安排打球，以此加强明州高尔夫球体验在中国高球爱好者心中的印象[6]。

3. 电影旅游助力目的地人气

美国是全球电影工业体系的标杆，拥有众多知名电影，为全球影视爱好者留下了无数难忘的经典印象，因此电影也是美国各类型旅游推广机构日常推广的重点内容[7]。除了好莱坞这样的传统经典电影旅游目的地之外，各州市还积极利用在自己区域内所拍摄的知名电影对目的地进行推广。比如说，路易斯安那州利用电影《飘》，积极推广橡树庄园这一景点，并由此覆盖到沼泽、卡真餐等其他吸引物。美国南方联盟曾在《绿皮书》上映时邀请中国旅行社同业前去观影，通过镜头让大家看到南部地区的风貌，同时做了一场南部旅游与文化的推介[8]。

4. 特色文化助力打造特色旅游线路

美国是一个非常年轻的国家，不过在短暂的发展历程中，也积累了很多相对比较特色的文化，如公路文化和工业文化等。比如，为了推动自驾旅游，美国旅游推广局和芝加哥旅游局将66号作为“美国母亲之路”进行推广，并结合多部与66号公路相关的知名电影如《汽车总动员》等将推广效应进行放大。旅游产品策划机构为了让线路更充实、自驾体验更好，也选择沿途有故事的地点，如66号公路上的“凯迪拉克车坟场”、威廉姆斯小镇等进行重点推广，并将其与科罗拉多大峡谷等传统经典项目结合起来，打造打包产品，确保游客流量。

知名企业之旅也是美国特色文化旅游的有机组成部分，如位于底特律福特皮卡工厂、佛罗里达肯尼迪航天中心、西雅图波音飞机工厂、微软总部、可口可乐大楼等都将游客参观线路与日常工作生产有机融合起来，通过旅游的方式向全球各国尤其推广美国强大的工业实力。

5. 餐饮美食吸引游客胃口

美国旅游推广局在做推广活动时，经常会将当地的饮食文化融入进去。曾经西雅图旅游局自带厨师与食材带到中国，供应西雅图海鲜美食；在宴请中，将雷司令等知名干白葡萄酒为代表的葡萄酒产业推荐给旅行社同业。芝加哥旅游局在中国做的诸多营销活动中，会选取特色餐厅，力荐其深盘比萨、爆米花、啤酒，让旅行社同业和消费者“在中国感受芝加哥”，同时启发消费者“像当地人一样享受美食”，联合众多当地餐厅举办餐饮周促销活动。西雅图旅游局将“世界第一家星巴克”作为推广内容；加州开创了“餐配酒”的厨师定制菜单吃法，使得纳帕谷在美西深度游的中产阶级客群中广受欢迎。

（二）创新推广形式增强营销效果

1. 特色视频强化游客印象

在互联网时代，制作精良的推广视频是进行旅游目的地营销的有效载体，不同于动辄上亿元的好莱坞大制作，成本低、制作周期短、目的明确的营销短视频经常成为美国各级营销机构的推广利器。比如说，美国旅游推广局将美国国家公园、音乐元素拍成电影《国家公园》《音乐之旅》等，通过影视平台上线，电影院包场放映的方式，推广给中国旅行社同业。同时，跟旅行社合作，邀请其销售渠道或邀请 VIP 客户观影，同时推荐美国目的地与目的地产品。将“美国电影”与“美国旅游”有机关联起来。

2. 明星效果拉动营销热点

为了重点开发中国客源市场，美国各级旅游推广机构也经常和国内的演艺明星或者社会名流开展合作，利用明星名人的影响力助力旅游目的地推广。比如说，美国旅游推广局邀请张靓颖为大使，配合《音乐之旅》大电影，在美国境内多处拍摄音乐短片，从而推广取景目的地。纽约市旅游局选泰勒・斯威夫特为形象代言人，并利用美国年度四大娱乐奖项与时装秀，吸引娱乐与时尚界的媒体、明星前往参会与蹭热度。

各州市旅游局也会追热点，与媒体、明星一起合作，拍摄风面，在杂志、明星社交媒体账号，获得专题报道或社交媒体发布与互动的推广机会。如“秦岚 +《世界》杂志 + 芝加哥旅游局”的合作，通过封面人面在芝加哥的故事，发布了十多页专题报道和短视频。

（三）教育资源推动游学旅游市场

美国是全球高等教育最发达的国家，其基础教育也非常完备，拥有很多特色，对全球的家庭游客有着强大的吸引力。因此美国各州市都在深入挖掘本地的教育旅游资源，积极向全球游客推广游学旅游产品。就中国市场而言，美国各级旅游推广机构纷纷鼓励中国在校学生利用假期前到美国进行短期访问，体验美国大学学习环境与氛围，参加课程、访问旅游胜地、人文艺术景点、名校等。除此以外，还开发出冲浪自助游学营、电影之旅、摄影之旅、托福 /SAT、西点军校营等主题类产品。在“游”的过程中，将景点与文化相连，如参观美国白宫，可以了解美国政治和治国理念；参观美国国家航天航空馆，听取航天员的励志故事等。

四、机构合作放大推广效果

美国的知名文化机构，如各大文化类品牌在开展国内营销推广工作的同时，通常也非常看重其全球化品牌形象，坚持做全球化营销，并寻求与旅游推广机构的广泛合作。与旅游推广机构的合作形式，主要以在国际市场的旅行社同业与媒体合作为主。

例如，纽约知名的演艺品牌百老汇经常组织在全球巡演活动，通过走出去的方式将文化直接输出到世界。百老汇和纽约旅游局紧密合作，营造自己是去纽约必看的节目。百老汇每年还积极赞助美国旅游协会的 IPW 展会，将经典片段面向与会的旅游行业从业者进行演出。在各主要客源市场设立推广办公室，针对旅行社同业介绍上演的剧目及协助订票，并与客源地相关机构开展夏令营专业训练，并将这些培训开发成研学产品。如今，百老汇歌剧已经成为纽约市文化产业中的支柱之一。

美国在开展入境旅游营销活动室，经常会选择一些文化地标作为特色活动举办地，为该文化地点带来收益和营销效果。如芝加哥某博物馆接受北京电视台 Learn to go 节目的摄制，为拍摄提供时间与场地支持，除此之外，还包括影视、纪录片或真人秀等。同时重视接待旅行社同业踩线团，积极参加旅游局在国内外的营销努力。

从演变角度来看，美国相关文化机构或展会主办方策划、组织的一些文化、艺术类活动，经常会因其成功举办而逐渐变为吸引游客的节庆，比如说哈雷摩托车集会最初只是车主的一个聚会，逐渐被哈雷经销商与南达科他州旅游局用来作为一个重大事件进行营销，吸引中国的哈雷车主。内华达的火人节吸引了不少高科技公司的大佬和红人前去体验艰苦的环境与活动规则，内华达派出红人和媒体前往体验，增加其在中国社交媒体的曝光，将其作为一个年度项目在中国市场推广。新奥尔良大力推广它的狂欢节，并曾经在 IPW 展会上再现了狂欢节的盛况。

五、效果评价与未来预测

除去疫情影响，美国入境旅游人数一直在持续稳定增长，美国各级旅游推广机构和文化旅游产业的相关供给侧企业的协同工作在其中扮演了十分积极重要的角色。疫情前，美国入境旅游在 2014—2019 年间总体呈积极增长趋势，2014—2019 年，赴美国的国际旅行总体增长了约 13.3%。越来越多的“体验型”主题产品，如学厨、品酒、主题运动、游学、博物馆夜宿等逐渐走红。

比如说，芝加哥旅游局与芝加哥马拉松组委会通力合作，2016 年吸引了 555 位中国跑手，2019 年则共吸引了近 2000 位两岸四地的跑者（其中中国大陆 1057 位）参加。扩大了芝加哥马拉松在中国的影响力，打造了芝加哥积极正面的目的地形象，在中国跑者圈建立了感知。

美国游学产品丰富，培育了入境旅游新的市场增长点。暑期 NBA 训练营、NASA 学习营、哈佛大学五真游学、西点军校小小男子汉、美式精英教育等不同项目帮助目的地挖掘并收获了一波市场潜力。如亚拉巴马州因有一个航天主题营地，针对中国的航天迷和学生团体积极开展营销，结果是近年中国前往亚拉巴马的访问量在不断攀升。

再以百老汇为例，在疫情之前，百老汇的观众人数以每年 3% 的比例上涨。且观众当中，60% 的人来自美国以外地区；证明了它海外营销的成功，以及对入境旅游的带动作用，观一场百老汇的秀成为游客去纽约的拉动因素之一。

随着中国出境游客消费需求的不断提高，包团式旅游产品，已经逐渐解绑为机 + 酒的自由行套餐、当地一日游、单项产品。添加了文化元素、与文化体验项目后，目的地在推广中，逐渐变得“可感”“可触摸”。从发展趋势来看，更多体验型产品元素，目的地将与旅游者有更多接触面，会更加受到消费者青睐。

六、借鉴与建议

从美国在旅游目的地海外营销推广的成熟经验可知，文化和旅游融合可以丰富旅游目的地、提升吸引力、强化推广效果。借鉴美国经验，我们应当在认知和行动上推动文化与旅游行业的融合、挖掘本土文化特点，丰富进入境旅游资源与吸引物结构；积极主动地发挥文化创意对入境旅游发展的支持作用，以文化提升旅游产品和服务的附加值，实现文化产业与入境旅游的相互促进、共同发展。根据对美国旅游推广成熟实践的分析，提出具体建议如下。

营销战略方面，首先，要开展国家层面的旅游目的地国际营销。在目标客源市场，设置营销代理机构。通过直接委派人员或者外包服务的形式深入客源市场。从“旅游同业合作”“公关与媒体关系”“社交媒体运营”三方面开展推广工作，持续培养旅游业者对目的地的熟悉与喜爱程度、建立品牌与提高影响力、触达客源市场潜在旅游者。其次，要强调资源之间的联系，在品牌形象、营销主题等方面国家与地方各级旅游推广开展合作。最后，需要同时允许各地方保留自己的自由度与利用其已建立的海外营销渠道开展自主营销。

营销策略方面，在营销推广中要细分海外游客市场，根据客群标签打造主题产品。重视将文化元素加入旅游资源介绍中，注重观赏性、可理解性与互动体验性的结合；利用艺术节、体育比赛、教育研讨与交流等契机，将旅游资源绑定宣传；通过媒体的介绍，协助中国文化和旅游一起走向海外；积极推荐影视出国，如推动中国优秀影视剧出海、在海外院线上线。最后还要重视开发游学板块，策划组织海外学生团体来到中国进行游学体验，积极与海外的文化中心、组团社、语言机构、学校合作，组织假期兴趣班开展对接，开发国际青少年入境旅游市场。

机构扶持方面，鼓励演艺企业创作开发体现中华优秀文化、面向国际市场的演艺精品。培养中国文化的旗舰品牌；加强对优秀艺术家的培育、宣传、推广、海外交流与巡回。并以类似活动为契机，邀请当地媒体、旅行社同业等，从艺术欣赏的角度，举办见面会等，推广艺术的灵感、艺人求学、创作场所等；坚持保护传承和创新发展相结合，推动传统工艺美术产品用于海外旅游推广伴手礼或线上互动的礼品使用；促进文化与科技双向深度融合，依托高新技术增强文化产品的表现力、感染力、传播力，强化文化对信息产业的内容支撑和创意、技术与装备水平提升；鼓励对舞台剧目、音乐、美术、文化遗产的数字化转化，支持开发适宜互联网、移动终端的数字文化产品。

最后，还要重视推广效果的考核评估，引进绩效指标和第三方研究与考核，确保旅游推广机构重要目标和战略目标的实现过程不断取得进展，对营销效果与成绩进行持续关注与测评。

参考文献

[1] U.S. Travel Association.Trade Promotion Authority Will Strengthen America's Travel Economy [R/OL]. [2015-04-15]. https://www.ustravel.org/sites/default/files/media_root/economic-impact-map/states/2018/04152015_Trade_Promotion.pdf.

[2] Brand USA. Brand USA Partner Opportunities [R/OL]. [2019-05-01]. https://www.thebrandusa.com/sites/default/files/2020-01/2019%20Partner%20Programs%20Brochure_0.pdf.

[3] Brand USA. Brand USA Fiscal Year 2020 ROI Study by Oxford Economics [R/OL]. [2020-02-21]. https://www.thebrandusa.com/resources/roi-study.

[4] Brand USA. Co-Op Marketing Programs [R/OL]. [2020-02-01]. https://www.thebrandusa.com/partners/programs.

[5] Choose Chicago.Why Chinese travelers like Chicago [R/OL]. [2013-07-15]. http://www.china.com.cn/v/travel/2013-07/15/content_29428555.html.

[6] 壹读.布卢明顿会议和旅游局参加2019美国IPW展.高尔夫及体验式旅游受青睐[R/OL]. [2019-06-27]. https://read01.com/zh-cn/L28o8o0.html#.Ylk_ZItBzVc.

[7] Discover Los Angeles. The best places to experience "La La land" in Los Angeles [R/OL]. [2020-04-28]. https://www.discoverlosangeles.com/things-to-do/the-best-places-to-experience-la-la-land-in-los-angeles.

[8] TTG旅业报.美国南方旅游联盟借"绿皮书"热度，推出碎片化和主题线路[R/OL]. [2019-06-21]. https://www.sohu.com/a/322182517_594364.

文化和旅游融合发展研究

引导入出境旅游市场主体强化文化自信

杨劲松*

（中国旅游研究院，北京 100005）

摘　要：作为文化交流和文明互鉴的重要载体，入出境旅游在培育和强化文化自信中的作用在得到更多成绩和认可的同时，也面临重市场影响，轻文化引导、舆情管控薄弱和市场主体商业模式创新缺乏支持、技术与资本支持不到位等突出问题。疫情防控常态化下，这些问题更显突出。建议更好地精准优化不同目的地入出境旅游的基础环境构件，开展专项研究和示范试点，尽快建立有利于增强文化自信的入出境旅游产品开发、市场开拓和模式创新的制度体系。推动开展包含增强文化自信目标在内、以多元目标为特征的入出境旅游发展效能评估。

关键词：入出境旅游；市场主体；文化自信

一、入出境旅游的发展有利于催生和强化文化自信

真正的文化自信需要在与外来文化的交流中得到确证，作为文化交流重要载体的入出境旅游，为树立和强化自信提供了适当场景。以出境旅游为例，其人数从 2010 年不足 6000 万人次上升到 2019 年的 1.55 亿人次，长期稳定的快速增长促成了出境游客与境外人民的深入连接和交流，人们有更多机会也更

［作者简介］杨劲松（1976—），四川三台人，副研究员，中国旅游研究院（文化和旅游部数据中心）国际旅游研究所（港澳台研究所）所长，主要研究方向为国际旅游，E-mail：smartyjs@126.com。

深入地接触和参与到与出境旅游活动相关的文化交流和文明互鉴中，由此更易于摈弃保守和自闭，各美其美、美人之美。在以开放的心态了解和认识境外不同文化的过程中，事实上也会对中华文化有更多的认同。宋瑞（2018）认为旅游可在构建人类命运共同体中发挥重要作用，旅游的互动交流可促进全球伙伴关系[1]。文化的传承、吸收、借鉴、交流甚至交融交锋成为入出境旅游的常态。可贵的是，与入出境旅游相关的行动也是言说，不仅给别人讲，也是在给自己讲。这不是一次两次蜻蜓点水，而是长长久久反反复复。日积月累潜移默化之下，文化自信的底气越来越足。

（一）游客的来来往往为树立和强化文化自信提供了更多场景

习近平总书记指出，“我们讲要坚定文化自信，不能只挂在口头上，而要落实到行动上”，强调“‘以古人之规矩，开自己之生面’，实现中华文化的创造性转化和创新性发展”。党的十九大报告中明确要“推进国际传播能力建设，讲好中国故事，展现真实、立体、全面的中国，提高国家文化软实力”。入出境旅游本身就是中国社会主义建设成就的生动表达，且融通中外，触达亿万。无论入出境游客，还是与入出境游客接触的当地居民，或者为入出境旅游服务的众多机构和组织，都是体验者、讲述者和传播者，入出境旅游也由此成为践行习近平总书记“讲好中国故事，传播好中国声音”要求的有力新方法。在新时代，中国已经迈进“从大到强”的发展阶段，这就意味着内宣、外宣的边界越来越模糊。做好国际传播，讲好中国故事同样也是内宣的要求[2]。比如，中国护照“含金量”越来越足的重要推动力量就是境外目的地希望吸引更多的出境游客，反过来这又为更深入的文化交流提供了有利条件。再如，出境游客会发现境外有更多的中文服务、更多的中国制造、更多的熟悉应用、更有力的领事保护保障和更多的中华文化元素展现，这带来安心的同时也会产生更多的文化认同感和归属感。这推动我们要高举人类命运共同体旗帜，在发展入出境旅游过程中引导国际社会塑造更加公正合理的国际新秩序，建设新型国际关系，切实使中国主张、中国智慧、中国方案成为引领时代潮流、体现公平正义、回应世界关切的国际公共产品（徐步，2021）[3]。在影响力越来越大的“欢乐春节”中，很多境外目的地积极针对中国游客的文化需求安排旅游项目，形成了更多的“文化便利化”。境外目的地在提升中国游客满意度上也不惜余力。根据中国旅游研究院的调查，在 2019 年 27 个样本国家和地区中，入出境旅游目的地满意度综合评分全部达到 75 分以上的“基本满意”水平。目的地以提升中国游客满意度而采取的行动中有相当部分客观上有利于树立和增强文化自信。

（二）市场主体的商业模式创新强化了文化自信

入出境旅游领域的商业竞争本身就是国际化的，其间常见的产品和商业模式创新所体现的精神同样是树立文化自信的重要部分。不仅有对中华文化的认同和自豪，也内蕴着开放包容的胸襟与气度、择善而学的自觉与从容，并将这种精神传递给每一位入出境游客和每一个与入出境旅游相关联的人。这也体现在市场主体的商业往来中。郭晗（2019）通过“讲好中国故事”的视角下来进行探讨，探讨如何通过“故事”的方式在外交活动、国际会议、文化交流中来进行我国优秀传统文化的宣传，通过故事来阐释当代中国价值观、发展理念和发展成就，凸显本土化和亲和力[4]。当前，产品服务供应方更加关注并挖掘中国游客的审美方向和服务需求，通过产品乃至商业模式创新增强竞争力。通过开发小团化、个性化、主题化和高品质的“新跟团游”，增加私家团、目的地参团、半自助和主题化跟团等品类供给，入出境游供应商在优化获客渠道和革新供应链的商业模式变革中，正在逐渐消解过往跟团游自由度差、不灵活、服务差和不能满足个性化需求等痛点。以华为、科大讯飞、商汤科技、字节跳动、美团、滴滴等为代表的中国高科技企业，在5G、人工智能、虚拟现实、社媒交流和当地服务等方面持续发力，其提供的中国服务和中国产品更多地得到入出境旅游者的认可。便利支付是入出境旅游需要考虑的重要方面。我国以银联国际、支付宝和微信支付等为代表支付服务机构针对入出境旅游者和服务供应商，提供一揽子金融理财、餐饮购物、交通出行、社交活动等增值服务，又在境内和目的地节假日推出特色优惠活动，并选择性地向境外商户提供包含开发后台运作在内的系列精细化商业运营工具，已经初步构建成形了具备中国文化特色的全方位支付生态，同时通过支付文化和服务的延伸也推动了文化自信和商业活动的互补。

（三）入出境旅游和文化贸易的互补交融有利于树立和强化文化自信

入出境旅游市场的快速发展，为文化贸易提供了有利场景，推动入出境目的地、市场主体和民众有更多的机会相互接触，也有更多动力了解和学习彼此。方兴未艾的“汉语热”，星罗棋布、活动频繁多样的中国文化中心，全球落地的中国环球电视网（CGTN），以及对中国图书、电影、电视节目、演艺、动漫、网络游戏、创意设计等文化产品和服务的更多需求，都触发和推动了中国对外文化贸易的发展，这些同样也有利于文化自信的树立和强化。从 2011 年到 2019 年，与出境旅游的发展类似，对外文化贸易也经历了快速的发展，从 195 亿美元出口额增长到 998.9 亿美元。入出境旅游的热点区域，往往也是对外文化贸易增长较快的区域。从国别和地区看，2019 年，中国对东盟、欧盟出口增长较快，分别增长 47.4%、18.9%，对“一带一路”沿线国家出口增长 24.9%。

二、在入出境旅游发展中，树立和强化文化自信的工作还有待强化

（一）重市场影响，轻文化引导普遍存在

季少军（2018）指出，在信息化时代，我国目的地管理机构（DMOs）的话语权主导地位正在受到挑战[5]。当前有些市场主体并没有意识到在开发入出境产品和提供相关服务时必须有基本的文化自觉，存在片面夸大赞美异域文化，迎合低俗庸俗需求，贬低虚化、解构戏说自身传统和优秀文化的倾向。没有在入出境旅游产品提供中以平等平和的心态面对境外文化表现和载体，反而唯外为好，唯洋是尊，且泛娱乐化倾向明显，漠视文化自信在提升自身竞争力中的重要作用。也有些市场主体意识到这一点，但普遍还处于探索阶段，自发的多，自觉的少，社会上还未形成良好的氛围，也缺乏必要的引导和扶持。

（二）入出境旅游舆情管控仍显薄弱

文化自信环境与舆情联系紧密，而入出境旅游的巨大规模使得涉外旅游舆情面临风险敞口大、突发事件多、取证困难以及澄清渠道薄弱有限等复杂环境。谣言成为入出境旅游舆情风潮中的常见现象。或者凭空捏造假新闻栽赃，或者只陈述事实的一部分，将部分事实说成是全部现象，将“中国出境游客群体”妖魔化作为博眼球赚流量的手段，以抹黑为能事，往往又被别有用心的机构或个人恶意引导，意识形态化或政治化。特别是有关文明旅游的话题往往易于成为谣言的关注点和诱因，与“不文明”“土豪”“素质低”等负面标签相关联。严重恶化了舆论环境，影响了人们的判断、选择和偏好，也使得管控难度高企，在反应时效、应对妥当和多方联动上还有较大提升空间。

（三）市场主体商业模式创新艰难，缺乏管理、技术与资本支持

将培育和强化文化自信工作融入市场主体商业模式的过程，实际上是文化和旅游高质量融合的过程。既产生和强化入出境旅游产品和服务的吸引力，又为市场主体的持续投入提供正向反馈。相比传统运营模式，无论是对入出境游客在出游动机、信息搜索、出游计

划、消费模式、行为意向、境外目的地选择、服务质量感知等方面的大数据搜集和挖掘，还是与之对应、涵盖需求端和供给端、包括获客能力强化、终端渠道建设、客户维护与管理、产品开发创新、人力资产优化以及新型供应链塑造等在内的全过程，都需要市场主体有意识地寻找最佳切入点和最佳融合路径，并实现管理、技术和资本在信息体系建设维护、数据价值挖掘、智能化精细管理和跨界资源整合等环节的高强度投入。其间工作难度和风险大，短期内成效不易显现，仅靠市场主体匹马单枪难以打开局面。

三、政策建议

（一）精准优化不同目的地入出境旅游的基础环境构件

与入出境旅游相关的签证和航班安排、旅游安全保障、市场秩序维护、游客权益保护、语言环境和领事保护是入出境旅游的基础环境构件，也是入出境游客培育和强化文化自信的重要载体和关键空间。新冠肺炎疫情的影响暂停了入出境旅游的开展，但国际社会对我国入出境旅游市场依然重点关注，目的地国家和地区普遍希望在疫情后抢占我国出境旅游市场的有利地位，以求尽快对冲损失，复苏经济和创造就业，态度主动，情绪急迫。当前需抓住这一难得的机会窗口，在清晰了解相关方对我国入出境旅游市场诉求的基础上，对外抓紧话题设置和舆情管控，有意识引导、鼓励和目的地实现普遍性的入出境基础环境构件优化。提前研判当前不同入出境目的地的防疫形势和开放可能性，全面评估其旅游基础环境构件的状况、效能和潜力。一地一策，明确可以选择且易于落地的优化路径。对内强化相关部委的对接联动，联合推动相关基础构件的优化进程。

（二）开展专项研究和示范试点，尽快建立有利于增强文化自信的入出境旅游产品开发、市场开拓和模式创新的制度体系

开展有利于培育和强化文化自信的入出境旅游发展专题调研。结合入出境市场满意度调查，增加入出境游客文化消费调查和入出境旅游舆情监测。准确掌握我国居民在入出境旅游中的文化需求满足现状，摸清总量、结构、质量、趋势等情况。引导市场主体更多围绕增强文化自信在开发入出境旅游产品和开拓市场上着力。选取重点客源区域、关键产业领域和典型市场主体，探索有利于增强文化自信的入出境旅游专题发展规划。适时推出主要目的地入出境旅游发展文化指引，帮助市场主体了解主要目的地的文化特征、主要标志、代表人物、文化产业结构和代表机构、与我国文化的比较、现有文化交流情况、当前入出境旅游中存在的文化问题（包含文明旅游）和规范解决办法、常见的优惠政策等。完善激励、扶持、补偿机制等政策，对企业加强引导和财政支持。综合运用产品开发和市场推广补贴、政府购买服务和人才培养等方式，鼓励和帮助市场主体在深入的文化比较中挖掘创造灵感，培养吸纳和挖掘特色资源潜力，加强以增强文化自信为目标的产品和服务供给能力建设，推动实现文化内涵、价值观念和时代精神的国际表达。在包含航空、当地交通、吸引物、住宿和目的地服务等入出境旅游整体产业链上创新产品服务和商业模式，探索建立涵盖相关主体共同推动增强文化自信与入出境旅游互补融合的常态化合作机制。让入出境旅游成为人们认识优秀境外文化，感悟中华文化、增强文化自信的过程。

（三）推动包含增强文化自信目标在内的入出境旅游发展效能评估工作

在入出境游客文化消费调查和入出境旅游舆情监测基础上，结合已有数据体系，引入大数据技术措施，推动建立将增强文化自信作为关键目标的多元化入出境旅游发展效能评估体系。将能否推动市场主体在入出境产品创新和服务提供中把呈现中华文化独特魅力和反映人类共同价值追求有机结合起来，形成相关人群更具深度的思想共鸣和激发更加广泛的情感认同作为评判标准。明确入出境旅游发展的方向和需要解决的问题，近期推动形成入出境旅游文化影响案例库。应责成系统内相关机构，组建专业团队开展相关工作。选取主要目的地试点，涵盖经济、社会、文化等多个领域。通过定期的数据收集、分析、监测、趋势预测以及专家小组评估等，推动解决重难点问题。

参考文献

[1] 宋瑞．构建人类命运共同体 旅游可发挥重要作用［N］．中国旅游报，2018-04-02（003）．

[2] 廖望劭．做好国际传播 讲好中国故事［J］．声屏世界，2021（10）：1．

[3] 徐步．让世界读懂中国人的精神风貌和价值追求［N］．光明日报，2021-06-09（008）．

[4] 郭晗．讲好中国故事视角下的中华文化软实力提升研究［J］．文化创新比较研究，2019，3（23）：43-44．

[5] 季少军．信息化时代目的地形象的话语权之争［J］．旅游学刊，2018，33（4）：5-6．

文化赋能宜昌旅游，助建世界旅游名城

文汇军*

（湖北省宜昌市夷陵区文化和旅游局公共文化服务中心，湖北 宜昌 443100）

摘　要：当前，旅游业正经历深刻而剧烈的变革，湖北宜昌凭借丰富的文旅资源，多方集思广益，延伸文旅融合实践路径。在新发展格局中面临机遇与挑战，锁定独特优势，依靠文化赋能，众志成城共同发力，推动旅游高质量发展，实现世界旅游名城建设目标。

关键词：文化赋能；机遇挑战；对策措施；旅游名城

2021年6月，湖北省宜昌市委、市政府提出要用心用情把旅游区建设好、运营好，进一步把传承民俗文化与发展旅游经济有机结合起来，与时俱进开发更多满足旅游市场需求的新产品，提升游客的体验感和满意度，推动旅游业发展实现由“卖山水”向“卖文化卖体验”转变。

湖北宜昌突破性发展文化旅游业必须在“干在实处、走在前列、当好引擎、争当表率”的进程中，多担使命，多做贡献。发挥宜昌是屈原、昭君故里，拥有长江三峡、三峡工程等不可复制的世界级旅游资源的优势，做强“宜荆荆恩”城市群旅游联盟，深度挖掘文化底蕴，共同开发文旅资源，迈向世界旅游名城。

秀美之城宜昌，不仅在于灵山秀水赋予的高颜值，更在于高质量发展赋予的文化内涵。作为南部之翼“宜荆荆恩”城市群中心城市，宜昌旅游依靠什么赋能，演绎独特魅力，才能建成世界旅游名城，成为国内外游客的“诗和远方”？

一、凭借丰富资源，助推世界文旅名城

“上控巴蜀，下引荆襄”的宜昌，有着得天独厚的地理位置，有着青山绿水的秀美风光，有着深厚悠久的历史底蕴，有着包容开放的人文氛围，有着潜力巨大的发展空间。宜昌临长江中上游而建，引183条江河，川流不息；依武陵山脉而起，形“七山二丘一分平”之貌，连

［作者简介］文汇军（1971—），湖北宜昌人，大学本科，群众文化馆员，湖北省宜昌市夷陵区文化和旅游局公共文化服务中心，研究方向为群众文化和乡村旅游，E-mail：401853473@.qq.com。

绵起伏；屈原昭君故里，三国文化重地；还有678千米内河航道，承东启西；50余条机场航班，连接全国；149列动车组，整装待发。宜昌现有世界级、国家级、省级、市级文化遗产保护名录579项，国家级、省级、市级重点文物保护单位232处，珍贵文物2370件（套）、一级文物101件（套）。各类旅游景点747处，国家5A级旅游景区4家，数量在全国同类城市排名靠前，旅游人数、旅游收入多年位居湖北第二。

（一）历史之悠久

宜则兴和则昌，宜昌寓意为宜于昌盛之意！宜昌远古属西陵部落，是西陵部落分布的中心地区。距今约20万年前，清江流域就有“长阳人”在活动。20世纪50年代以来，在宜昌市点军区李家河、紫阳河一带发掘出新石器时代后期遗址，白庙子、清水滩、中堡岛、小溪口等数十处古遗址和文物，证明早在五六千年前，我们的祖先就在宜昌土地上繁衍生息。夏商时，宜昌为古“荆州之域”，春秋战国为楚地，史称“楚之西塞”，那时就建有城邑。楚顷襄王二十一年（公元前278年）秦将白起“攻楚，拔郢，烧夷陵”，夷陵之名始见于史，使宜昌有文字可考的历史达2200多年。其间宜昌为历代县、郡、州、府的治所，曾经使用过夷陵、西陵、峡州、宜州、拓州、东湖等名，其中使用次数最多、时间最长的是夷陵和峡州二名。夷陵，一是《汉书·地理志》所说“因西北有夷山”而得名，一是旧志所说“水至此而夷，山至此而陵”，因山川形势而得名。又因其地扼长江三峡之口，故有峡州之称。自东晋分夷陵西境置宜昌县，宜昌之名便始见于史。至清雍正十三年（1735年），升彝陵州（清顺治六年因避忌讳改夷为彝）为宜昌府，宜昌之名沿袭至今。

（二）地理之优越

“峡尽天开朝日出，山平水阔大城浮。”宜昌位于湖北省西部，地处长江中上游接合部，渝鄂湘三省市交会地，以“三峡门户、川鄂咽喉”著称，战略地位十分显要，为历代兵家必争之地，历史上发生的战事不胜枚举，三国时期的夷陵之战就发生在宜昌市区。《中英烟台条约》签订，宜昌被辟为通商口岸，设有海关，英、美、法、德、意、日等国先后在这里设立领事馆，宜昌成为内外贸易的集散地。中华人民共和国成立后，兴建了一批重点企业，使宜昌成为鄂西湘北渝东区域的经济中心。1994年宜昌被国务院批准为沿江开放城市，被列入长江三峡经济开放区。宜昌东接武汉，西连重庆，是东部发达的经济科技与西部丰富资源的接合部，是国家实施西部大开发战略由中线进入西部的起点，是西部大开发的东大门，也是湖北“大三角”战略的一个重要支撑点。万里长江第一坝葛洲坝电站就在宜昌市区，举世闻名的三峡工程仅离市中心区38千米。

（三）风光之秀美

宜昌地处秦巴山脉和武陵山脉向江汉平原的过渡地带，地势西高东低，地貌复杂多样，高低相差悬殊，海拔从2427米（兴山县仙女山）至35米（枝江市杨林湖），垂直高差达2392米。随着万里长江第一坝葛洲坝和中国最大的工程三峡工程的建成，宜昌被誉为“世界水电之都”，成为中国的热点城市，并迅速发展成为全国最大水电能源中心、内陆经济发展的中转港口、海内外客商投资开发的聚集地、长江经济带的重要工业城市。宜昌这座美丽名城，风光旖旎，是素以三峡旅游为城市，享受沿江开放城市的各项政策。境内有三游洞、白马洞、桃花村、黄陵庙、金狮洞、三峡大瀑布、晓峰悬棺、猇亭古战场、高岚风光、葛洲坝工程、三国古战场、玉泉寺等众多历史文化古迹和风景名胜。宜昌还是湖北省唯一国家环境保护模范城市，同时享有全国文明城市、国家园林城市、国家卫生城市、国家森林城市、中国钢琴之城等美誉。

（四）名人之聚集

宜昌不仅历史悠久，而且文化丰厚，曾经是楚文化和巴文化发展的重要地望，这里有巴人、诗人和美人。宜昌人杰地灵，孕育出世界历史文化名人屈原、民族和亲使者王昭君以及闻名中外的著名学者杨守敬等诸多先贤名流。历代著名文人，诸如李白、杜甫、白居易、欧阳修、苏轼、陆游等，也多会于此。他们游览西陵山水所留下的胜迹，陶醉西陵风光所写下的诗文，为宜昌增添了宝贵的文化财富。

宜昌还以“三国故地”而著称，古典名著《三国演义》中有36个故事发生在这里。“夷陵之战”火烧连营七百里，赵子龙大战“长坂坡”，张飞横矛“当阳桥”，关公败走“麦城”被擒“回马坡”等故事和遗迹俯拾皆是。气势恢宏的关帝陵，也是关公文化的考察研究之地。被誉为“世界四大文化名人”的屈原，被称为“中国古代四大美人”的王昭君都出生在古宜昌境内，屈原祠、昭君村、读书洞、娘娘井等众多的历史文化遗迹向人们反复讲述着无数优美动人的传说。

二、多方集思广益，延伸文旅实践路径

宜昌是全国重点旅游城市之一，荣获中国优秀旅游城市、鄂西文化旅游圈最佳旅游城市、三峡旅游最佳目的地等称号。

（一）出台扶持政策，喜迎四海宾朋

围绕打造“长江三峡国际旅游目的

地、中国休闲度假特色地、鄂西乡村旅游首选地”发展目标，宜昌出台《支持旅游业加快发展的若干政策》，改善旅游营商环境，保姆式贴心服务，使宜昌接待游客量与接待收入逐年攀升。中央广播电视总台“中国经济生活大调查”发布 2020 年度“中国十大秀美生活城市”，宜昌荣登榜单，系湖北省唯一获奖城市。由鄂渝两地高质量轮流举办的中国长江三峡国际旅游节，12 年接续奔跑，宜昌以节促文、以旅兴文，搭建起交流互鉴和开放合作的桥梁平台，举办昭君、嫘祖、廪君和土家茶乡、关陵庙会等地方特色节庆文化活动，探索出一条文化与旅游融合发展之路，赢得了世界关注和掌声。突出山川美景，适应游客需求，挖掘文化元素，以文化底蕴扮靓旅游底色，以文化深度提升旅游热度，以文化亮点引燃旅游爆点，推动宜昌文旅产业高质量发展走在前列。

（二）开展项目建设，助推文旅融合

三峡国际游轮中心建设步伐加快，下牢溪旅游片区深度开发，一批优质文旅项目推动“两坝一峡”旅游区旧貌换新颜。三峡大瀑布、宜都天龙湾、兴山昭君村等景区景点通过改造提质，全力冲刺创建国家 4A 级、5A 级景区。伍家岗南灵、点军曹家畈、夷陵三峡茶旅等“旅游 +”特色小镇建设如火如荼，三峡国家级旅游度假区呼之欲出。端午万人挑战“最多人一起包粽子”活动入选吉尼斯世界纪录。举办远安田野马拉松、WDSF 世界体育舞蹈公开赛（中国宜昌）暨中国·宜昌体育舞蹈公开赛、中国宜昌自然水域国际极限漂流 F1 大奖赛等赛事，国内外选手和游客在热情参与的同时，盛赞宜昌文化旅游“国际范”十足。

（三）举办特色活动，带来黄金机遇

宜昌博物馆结合“近代宜昌”展厅讲述宜昌大抢运故事，强化爱国意识。渮溪民俗博物馆、809 微度假小镇“重走红途”研学之旅，用红色故事传承红色精神。五峰、长阳、秭归等将传统文化和非遗项目送进景区。成为“必修”课的研学旅行热潮给宜昌文化旅游产业发展带来黄金机遇。在屈原文化和水电文化的交替中找到“打开未来的钥匙”，使得“旅游 + 文化”新业态得到多维度的延伸融合和深度发展。宜昌特色文旅产品昭君白茶和黄杨木雕亮相第十四届中国（深圳）国际文博会。三峡大坝景区成为“中国首批十大科技旅游基地”，研学师生纵览三峡百年巨变。文化和旅游部与湖北省政府联合举办的屈原故里端午文化节，吸引游客感悟屈原文化。

（四）发展全域旅游，形成勃勃生机

秭归石柱土家族村、枝江吉吉村、五峰栗子坪村、枝江董市枫林月季园等一批特色乡村成“网红”。宜都九河园田火龙果、潘家湾乡猕猴桃、红花套柑橘采摘等乡村休闲游受到家庭聚会青睐。秭归水田坝离地运动小镇、磨坪乡村旅游等深受游客追捧。磨基山点亮、三江桥两岸灯光秀吸引市民和游客漫步欣赏长江宜昌段。“交运长江夜游”、西坝夜市成为“打卡地”。车溪景区打造山水夜游演艺秀《梦回车溪》，创下单场人次新高。百里荒、柴埠溪、杨守敬书院、武陵峡、鸣翠谷等20余家景区推出惠民让利活动，吸引“宜荆荆恩”城市群游客来宜“串门”。三峡九凤谷等12家景区对宜昌旅游年卡用户开放，吸引游客纷至沓来。

（五）推介宣传到位，外省民众畅游

宜昌与呼和浩特因昭君而结缘，既有旅游合作的基础条件，也有旅游合作的政企联系，更有旅游合作的情感纽带。“畅游三峡·爱上宜昌”，诚邀呼和浩特市民来秀美宜昌感受“屈原昭君故里、世界旅游名城”的魅力。“湘鄂情长·爱上宜昌”，在抗击新冠肺炎疫情的斗争中，湖南和湖北同舟共济、守望相助，宜昌多次礼请湖南人民惠游宜昌。“感恩福建·宜鹭同行”，厦门宜昌两地往来便利，打造“2小时航空旅游通道、10小时高铁旅游圈”，实现信息互通，资源共享，客源互送。

三、面临机遇挑战，政企需要共同发力

凭借长江三峡、三峡大坝这两个全国知名的旅游IP，以及数量众多的A级景区，宜昌旅游成为湖北省乃至长江流域的一面旗帜，旅游业也在宜昌经济结构中占据着十分重要位置，为宜昌带来大量游客，进行消费，提供了众多就业岗位。然而，宜昌旅游现状也不同程度地存在着众多不足。

虽然宜昌旅游资源丰富，但是目前所开发的旅游项目大都以山水观光型为主，且布局有雷同，大都以自然山水景区为主，旅游产品单一，体验性不足，市区旅游空心化、文创产品和文化资源的开发有待加强，这些似乎与长江三峡的魅力形成鲜明的反差。

（一）政府抓规划引导

政府有主导措施，总体上做了大量扎实有效的工作，但文旅融合的顶层设计需要进一步完善。主要是政策引导作用需要加强，缺乏具体而有效的文旅发展专项规划，亟须新的文旅发展规划来更好地引领宜昌文化旅游业的发展。而且，近年来旅游业发展很快，但投资和融资渠道有限，文化旅游资源开发投入不足，很多资源仍然处于低层次开发阶段，特别是旅游公共服务并没有像文化公共服务一样，纳入国家公共服务体系，

旅游公共服务投入少而且缺少资金来源。

（二）企业领文旅融合

宜昌境内旅游资源和文化资源有融合，但核心竞争力不强。主要表现在现有的文化旅游企业文化内涵单薄，吸引力不足，对旅游业发展的拉动作用还不显著。注重开展针对文化旅游比较有效的宣传营销，但宣传营销力度仍需进一步加大。具有宜昌地域特色的文化旅游产品种类少，能让游客带走的文化旅游产品有限。部分景区景点的旅游基础设施建设还不能满足游客需要，智慧景区建设还有差距。

（三）资源挖文化内涵

宜昌大部分景区景点牵涉到传统地方文化，但是深度挖掘自身文化内涵还不够，甚至是一味地照搬模仿，多处旅游景区门口都是一样的现代化广场、停车场、现代化售票大厅、购物超市，就连售卖的文化旅游产品都差不多一样。部分景区开发者不顾及景点文化主题，追求各种旅游项目样样俱全，明明是主题单一的小景点，硬要一味扩成大景区，推出的游览项目不伦不类，使景点变得“大而寡味”，导致脱离景点实际而拓展出的文化旅游景区相似程度非常高，掩盖了文化旅游景点原有特色，降低了文化旅游应有品位，其市场命运可想而知。

（四）网友提方案建议

宜昌市民和网友多次在不同渠道呼吁宜昌旅游要改变目前状况，注重文化旅游融合，开发要留住游客，让市区市民有地方可以休闲游玩。一是文艺界提出提案，复建沿江“宜昌码头”。集体建议以建设国内一流、世界知名旅游目的地为目标，以长江为主轴，在宜昌城区上起三峡大坝、下至猇亭100千米范围内，打造一条“坝、城、人文”深度融合的精品文化旅游带。高起点谋划实施城区文旅发展规划，高标准建设改造提升一批文旅项目，分类制定城区历史文化遗存挖掘利用具体办法，对西陵区西坝甲街清代民居、河南会馆旧址、二马路红星路大阪仓库旧址、英国驻宜领事馆和伍家岗区亚细亚油罐、天然塔进行科学保护利用，协调推进猇亭区重修虎牙滩碑、虎牙山栈道、织布街及明清码头建设。着力打造“城市文化客厅”，在沿江大南门复建“宜昌码头”，推进江南沿江栈道（康养步道）建设。二是填补旅游空心，引进主题游乐公园。宜昌有着周边无法比拟的山水旅游资源，一直以来缺乏大型主题游乐公园，本土市民对宜昌山水已经感到疲乏。反观周边城市荆州方特、襄阳华侨城，尤其是荆州方特对周边辐射日趋明显。建议挖掘宜昌本土的屈原文化、昭君文化、三国文化、楚文化、土家族文化、抗战文化等资源，发展文化旅游产业，让外地游客能看到宜昌美丽山水，也能欣赏到宜昌灿烂文化，弥补宜昌城市旅游空心化问题，让外地游客停留时间长一些。

四、制定对策措施，建设世界旅游名城

当前，中国旅游产业正在经历深刻而剧烈的变革，新需求、新理念、新技术、新模式、新交通等不断涌现，创造出一片拥有无限生机、蕴藏无限可能的全新产业竞争空间。百舸争流的时代大幕已经拉开，湖北宜昌如何在新发展格局中把握黄金机遇，推动高质量发展，成为长盛不衰的世界旅游目的地？

（一）把牢战略目标定位，迈向世界旅游名城

旅游是宜昌亮丽的名片。2021 年 6 月宜昌市委六届十五次全会强调，加快建设“一江两岸、主城引领、产业兴旺、功能强大、人气鼎盛”的滨江宜业宜居宜游之城，奋力实现六大目标定位，其中建设世界旅游名城成为宜昌六大目标定位之首。宜昌最大特色是文化旅游，有打造世界旅游名城的基础和条件，但是旅游更多依赖的是众多资源禀赋。发挥宜昌是屈原、昭君故里，拥有长江三峡、三峡工程等不可复制、不可替代的世界级旅游资源的优势，做强“宜荆荆恩”城市群旅游联盟，深度挖掘文化底蕴，共同开发文旅资源，形成突破性发展宜昌文化旅游的“大合唱”。

（二）丰富产品有效供给，推出特色文旅产品

鼓励打造中小型、主题性、特色类文化旅游产品，促进演艺、娱乐、动漫、创意设计、网络文化、工艺美术等行业创新发展。引导旅游景区、江河游船、乡村旅游点等场所开发参与式、体验式消费项目。推进博物馆、图书馆、文化馆、规划馆、美术馆、奥体中心等文体场馆宜游化改造和数字化升级，合理配套设置餐饮区、观众休息区、文创产品展售区。加大旅游景区、旅游度假区公共服务设施投入，推动设施设备更新换代、产品创新和项目升级，优化游览线路，拓展游览空间。丰富休闲度假产品供给，发展文化休闲、运动休闲、生态休闲、康养度假项目。积极发展石牌景区等红色旅游。实施休闲农业和乡村旅游精品工程，推动星级民宿品牌化发展，培育美丽休闲乡村。

（三）推进城区文旅发展，打造特色休闲街区

推动宜昌博物馆、磨基山公园等创建国家 A 级旅游景区。把更多地域文化元素融入城市规划建设，打造一批文化特色鲜明的旅游休闲街区。加快环南历史文化街区、长江国际文化广场、璟里中心、万豪中心、国际广场、吾悦广场等项目建设，推动国贸、万达、CBD、水悦城、华祥、环球港等商业区转型升

级为文体商旅综合体，打造标志性文旅消费场景，建设集合文创商店、小剧场、文化娱乐场所等多种业态的新型文化和旅游消费集聚区。深化美食之都建设，培育本土名小吃和餐饮品牌，打造西坝夜市、解放路步行街、中南路市场等夜间美食街区。

（四）塑造爱上宜昌品牌，推动景区提质转型

推动“两坝一峡”旅游区提质转型，启动三峡工程旅游度假区世界级旅游景区建设，把三峡工程博物馆建成国家级博物馆，支持宜昌三峡旅游度假区创建国家级度假区、三峡大瀑布创建5A级旅游景区，启动昭君文化旅游区、玉泉山关陵创建5A级旅游景区工作。推进秭归、长阳、五峰创建国家全域旅游示范区。开展“万里茶道”“关圣文化史迹”申遗。提升屈原故里端午文化节、长江三峡国际旅游节、长江钢琴音乐节等节庆影响力，提升屈原昭君故里非遗之旅精品线路、三峡大坝旅游区全国研学旅游示范基地建设水平，提升国家级文化产业示范园区（基地）供给能力。打造宜都青林寺、夷陵三斗坪、兴山南阳、五峰独岭、远安太平顶等特色旅游小镇和度假区。持续推进“一县一特”，打造远安嫘祖、长阳廪君、兴山昭君、当阳关公、乡约夷陵、五峰茶乡女儿会等基层特色文旅品牌。

（五）培育新业态新模式，发展四季文旅产品

发展自驾车旅居车旅游、研学旅游、工业旅游、会奖旅游、运动休闲、康养休闲、网红影视取景地“打卡游”等业态，根据不同年龄段人群需求开发全天候、四季文旅消费产品。加快卓尔航空城项目建设，建成三峡国际会展中心、三峡国际博览中心，高质量举办国际国内会展活动，推动会展经济突破性发展。支持秭归脐橙文旅小镇、三峡茶旅小镇、清江鲟鱼谷等产业融合项目建设，支持榛子黄粮、环百里荒、玉泉双莲等乡村振兴示范区文旅项目发展，支持发展影视剧拍摄制作、视频音频内容生产、网络视听等影视创意产业。加快建设文旅产业监测与安全监管平台、一部手机游宜昌等智慧化平台，让5G、云计算、物联网、大数据及人工智能等新一代信息技术为旅游赋能，确保来宜游客获得快速、准确、便捷、愉悦的高水平服务。

（六）提高文旅便捷程度，促使交通互联互通

引导演出等文化娱乐场所及景区景点广泛应用互联网售票、二维码验票。推动城市交通“一卡通”互联互通，完善宜昌三峡旅游景区年卡、文惠卡功能和公共交通移动支付体系。推出“观世界大坝，游三峡人家，访屈原故里，品纤夫文化”等水陆公交旅游精品线路。

加快宜昌三峡游轮中心、三峡大坝旅游区的旅游换乘服务体系建设。提升三峡机场、宜昌东站、长途客运站、三峡游客中心、夜明珠、旅游新区等城市旅游咨询中心服务，健全覆盖市县区客运交通港站、4A级以上旅游景区、重点乡村旅游区的旅游咨询服务中心网络，强化旅游交通换乘和接驳服务，完善宜昌三峡旅游直通车专线，开通城市公交旅游专线。推动“宜荆荆恩”城市群旅游发展一体化，促进线路互联、游客互荐、市场互享。

挖掘黄河文化，加快文旅融合进程

孟宪春*

（陕西省渭南市华州区技工学校，陕西 渭南 714100）

摘　要： 黄河文化是华夏先民在黄河流域千百年来生存实践中所创造的物质财富和精神财富的总和，包括政治制度、礼仪信仰、生产水平、生活方式、语言文字、风俗习惯、审美心理、精神风貌、价值取向等，它是中华文明的母体，是中华文化的核心和主干，是中华民族的根和魂。本文在对黄河流域历史文化渊源、文化内涵和多元化特征进行分析的基础上指出，推动黄河文化传承创新，增强黄河文化自信，提升黄河文化的魅力和国际影响力，有利于加快发展文旅融合进程，推动区域经济文化社会高质量发展。

关键词： 黄河文化；文旅融合

《汉书·沟洫志》载："中国川原以百数，莫著于四渎，而河为宗。"[1] 从中华民族文明发展进程来看，黄河是推动中华民族多元一体化发展的最重要的自然因素。古代记载"四渎唯宗""百水之首"说的便是黄河，"九曲黄河万里沙，浪淘风簸自天涯"。黄河为我国第二大河。全长 5464 千米，流域面积 75.24 万平方千米。上源马曲（约古宗万渠）出青海省巴颜喀拉山脉雅拉达泽山麓；卡日曲出各姿各雅山麓，在鄂陵附近相汇，东流经青海、四川、甘肃、宁夏、内蒙古、陕西、山西、河南、山东九省区，在山东省北部东营市入渤海。黄河是中华民族的母亲河，发源于黄河流域的黄河文化是中华文明中最具典型性、最具普遍影响力的主体文化。2019 年 9 月 18 日，习近平总书记在郑州召开的黄河流域生态保护和高质量发展座谈会上强调，黄河文化是中华文明的重要组成部分，是中华民族的根和魂。这是对黄河文化在中华文明产生和发展中的科学定位。顾名思义，所谓根，就是说中华文明起源于黄河文化；所谓魂，就是说中华文

［作者简介］孟宪春（1965—），陕西华州人，正高级教师、硕士，就职于陕西省渭南市华州区技工学校，研究方向为文旅融合发展、区域经济发展、文化民俗研究、文艺评论，E-mail：1529668827@qq.com。

明的基本内核、价值观念和黄河文化一脉相承。习近平总书记把推进黄河文化遗产的系统保护，深入挖掘黄河文化蕴含的时代价值，讲好“黄河故事”提高到了延续历史文脉、坚定文化自信、为实现中华民族伟大复兴中国梦凝聚精神力量的高度。在新时代文化旅游融合方兴未艾发展的形势下，深入挖掘黄河文化的历史地位与时代价值，抓住历史性机遇，保护、传承和弘扬黄河文化，做大做强文化旅游产业，更大程度上促进区域社会经济文化高质量发展。

一、黄河文化的发展渊源

中华黄河文化溯源，源远流长，奔腾不息的黄河延续孕育着中华民族文明圈里的黄河文化。据考古发掘发现，黄河流域是中华文明的主要发祥地之一，至迟在180万年前即有人类繁衍生息。我国黄河流域年代最早的旧石器时代遗址，山西省芮城县东岸上的西侯度村遗址，据古地磁测定年代约距今180万年以前。在这之后，经发掘又确定了黄河流域的远古人类：距今110万年前的西安蓝田猿人遗址，距今18万至23万年的大荔人，距今10万年的丁村人，距今3.5万至5万年的河套人。考古发现中国黄河文化的确切记载于商代安阳殷墟遗址出土的甲骨文中，卜辞“为”字从手牵象。可见象经常被服役于人劳作。遗址中有象、貘、獐、犀牛、鲸的骨骼，就是黄河文化早期文明的佐证。随着黄河母系氏族社会的解体，黄河父系奴隶社会随之代替。5000年前，生活在黄河流域的中华民族的祖先们，不断交流融合，创造了独树一帜的黄河文明。黄河文化文明的中华民族人文始祖黄帝之史官仓颉创造了汉文字，文字智慧的传播，就像黄河的流水，迅速传播到长江流域和珠江流域，再传到国内边区的许多少数民族，包括古代的北方民族和西南民族。以后经盛唐时期传播到四周邻国，包括越南、朝鲜和日本。从此，由于绵绵黄河水的滋养，肥沃黄土的承载，加以适宜的气候，黄河流域非常适宜人类生存，早在旧石器时代，中华先民就在这里繁衍生息。旧石器时代文化见证黄河文化的悠久历史，新石器时代文化序列展现中华民族迈向文明时代的历史进程，黄河滋养了华夏大地，孕育出了丰富多彩内涵多元的根魂文化，中华民族文明的曙光也从这里开始升起。

二、黄河文化的区域分类、内涵和多元化特征

（一）黄河文化的区域分类

1. 农耕文化

渭河是黄河最大的支流，泾河则为渭河的主要支流，泾渭流域是黄土高原农业最发达的地区。这里地势平坦，土

壤肥沃，水源充足，从远古时期开始，陕西黄河流域华夏先民就在这片沃土上繁衍生息，早期农耕文化便从这里开始发端。宝鸡北首岭灰坑内的碳化粟粒、半坡遗址中的碳化菜籽等重大发现都是早期农耕文化的历史见证[2]。

2. 彩陶文化

距今 8000 年，渭河流域发展出了彩陶的萌芽，并形成了具有一定规模的彩陶文化区，孕育出了我国的彩陶文化。彩陶文化从老官台文化开始，老官台文化是黄河中游地区的早期新石器时代文化，为仰韶文化的源头之一。因首先在陕西渭南市华州区杏林镇老官台遗址发现而得名。距今约 8000 年的老官台文化开始，先后经过半坡文化、庙底沟文化，一直延续到仰韶时代晚期，在推进早期中国文明化过程中发挥了重要作用，成为中华大地上独特的文化景观。

3. 河湟文化

河湟地区位于黄河上游地区的甘肃、青海一带，河湟文化主要是指黄河及其支流湟水、大通河所流经区域的文化。在早期文化体系中，以石岭下、马家窑文化的半山类型、马厂类型，齐家文化，所构成的典型农耕文化系列，以大地湾遗址为代表，在某种程度上代表了西北早期农耕文明的高峰。但在历史时期河湟地区位处农耕文化与游牧文化的接壤地带、华夏文化与戎狄文化的交接地带，是两者互动的关键场所，也是中华民族华夏化进程的历史见证地。

4. 河套文化

河套地区是指黄河“几”字弯和其周边流域。河套文化正是发生在黄河干流河套及周边地区的文化，河套文化重点在旧石器时代，也即人类早期活动的重要地区，但在农耕初期并不具有代表性。历史时期，也是处于农耕文化与游牧文化的交汇地带，以民族文化、边塞文化、移民文化等为特征，是黄河文化多元色彩的重要体现[3]。

5. 河洛文化

是以洛阳为中心的古代黄河与洛水交汇地区的物质与精神文化的总和。洛阳的名字自古至今没有发生变化，这在中国的大古都中是极为少见的。以仰韶文化庙底沟类型最具代表性的早期农耕文明最为辉煌，以代表夏都的二里头遗址为最早的中国，以洛阳盆地排列的五大都城遗址所反映的夏商周、汉魏唐时期的中华文明的伟业，形成了黄河文明核心区关中与河洛比翼齐飞的格局。

6. 河汾文化

在山西境内黄河支流汾河与黄河形成的文化，因黄河在晋陕交界自北南流，因山西尤其是晋南在大河之东，故又称河东文化。河汾因太行山与黄河的特殊地理特征而形成了独特的文化，这里是北方的人类发祥地，发现有系列完整的旧石器与古人类系列；这里也是北方旱作农业的发祥地，保留有独特的农耕聚落。

7. 河济文化

古代黄河与济水交汇地区的文化，因两者均为“渎”，在流向上有较多的重叠。古代济水为黄淮海平原上的本土河流，在早期的地理格局上占有重要的地位，是中国华北大平原地区的主流文化。应包含有以济源为中心的济水源头文化，以郑州荥阳为中心的“截河而南”文化，以菏泽为中心的“三见三伏”文化等。

8. 河淮文化

古代黄河与淮河、长江、济水并称为“四渎”。淮河左岸水系发达，颍、沙、濉、涡等支流均呈西北东南流向，黄河进入平原后，大小漫流多走以上泛道，所以在豫东、皖北、苏北地区形成了所谓的黄淮平原，形成了东部平原特有的文化现象。

9. 汶泗文化

大汶河古称汶水，先为济水支流，后为黄河支流，位于今山东中部。泗水，原为济水支流，现为淮河支流，位于今山东西南部。汶泗地区也是齐鲁的核心地区。汶泗文化，以两周时鲁国为主，齐国为辅，也可泛指齐鲁文化，是黄河下游典型的区域文化。汶泗流域是东夷文化的主要分布区，早期有后李文化—大汶口文化—龙山文化等完整的文化谱系，是中国儒家文化的策源地，尊礼尚乐的文脉基因，崇仁尚德的儒道传统，层见叠出的先哲圣贤为齐鲁文化的精神基因。汶泗文化，实际是黄河文化的精神高地。

（二）黄河文化的内涵

黄河流域是早期人类的发祥地，旱作农业的肇始地，农耕聚落的兴盛地，早期城址的发现地，当然也是中华人文始祖“三皇五帝”的主要诞生与活动区域。中国第一个王朝夏朝建都在中原，以青铜文明为代表的三代辉煌也在中原。秦汉隋唐北宋，以长安、洛阳、开封为代表的王朝大古都建立在黄河中游与中下游之交的地区，构成了中国大古都的东西轴线，形成了中国历史上最为鼎盛的汉唐文明。从黄河文化的发展历程表明，黄河文化与中华文化的发展进程相吻合、相协调、相统一。黄河文化发展的源头，代表了中华文化发展的主支源头；黄河文化发展的鼎盛，代表了中华文化发展的鼎盛；黄河文化铸就的灵魂，代表了中华文化的精神实质。黄河不仅见证了历次的中华民族融合，也在融合发展过程中，将各个族群的文化有机地融合在一起，形成了包容发展的黄河文化的本质性。黄河首先是一条文化之河，正是基于黄河母亲的哺育、黄淮大平原的承载，在中国诸多区域文化中黄河中下游的中原地带率先进入文明社会。在博大精深的黄河文化中，裴李岗文化、仰韶文化、龙山文化等原始文化一脉相承；城市、文字、礼仪性建筑、青铜器等要素文明闪烁；夏、商、周三代文明薪火相传；儒家、道家和法家等中华元典文化交相辉映；汉代经学、魏晋玄学、宋明理学与佛教文化代有芳华；夸父追日、河图洛书、大禹治水、愚公移山，隐含着中华民族的精神密码和文化基因；人文始祖、姓氏根亲、历史名人，搏动着中华民族蓬勃血脉；汉赋、唐诗、宋词，书写了不尽文学华章。这些林林总总的中华文明元素，其根源均深植于黄河文化之中。黄河是一条源远流长的精神之河，是中华民族的基本文化符号。她哺育了历史悠久的中华民族，孕育了光辉灿烂的华夏文明，塑造了中华民族坚韧不拔的民族品格。几千年来，黄河流域是中华民族进行文明创造的重要基地。她犹如一个伟大的生命，厚德弘毅、生生不息，顽强通达、历尽沧桑；她那一往无前、百折不挠的气势，正是中华民族自强不息、蓬勃向上精神的生动写照。黄土—黄河—黄种人—黄帝所形成的中国文化底色，成为中华文明屹立于世界民族之林的关键所在。

文化属性是指一个人、一个社会团体、一个民族、一个国家的生产生活的习惯的定性（基本的文化素质表现）。这是一种思想程序，不以意志为转移。从文化属性的本质上看，农耕文化是中国劳动人民几千年生产生活智慧的结晶，它体现和反映了传统农业的思想理念、生产技术、耕作制度以及中华文明的内涵，它的形成和发展，浸透着历代先贤的血汗，凝聚着我们民族的智慧。黄河文化包括农耕文化、草原文化、丝路文化、少数民族文化。九曲黄河，蜿蜒万余里，把流经地区的各种样态的文化串通连接在一起，形成了博大精深的黄河文化，成为中华民族的根与魂。黄河流域是中国农耕文化最发达的地区，数千年的农耕文化，养成了安土重迁、敬天法祖、家国同构的思想意识和行为范式，形成了儒道互补的中华文脉，生成了崇仁爱、重民本、守诚信、讲辩证、尚和合、求大同等核心思想理念，涵养了自强不息、敬业乐群、扶危济困、见义勇为、孝老爱亲等中华传统美德，滋养了独特丰富的文学艺术、科学技术、人文学术等方面的中华人文精神，磨砺了中华民族自强不息、坚忍不拔、吃苦耐劳的性格，从而形成了灿烂辉煌、磅礴有力的黄河文化[4]。

（三）黄河文化呈现的多元化特征

1. 黄河文化的根源性

无论是文献记载还是考古发现，都足以证明黄河区域是中国人类起源与早期文化的主要源头所在，古代农耕的起源与发展、青铜文明的起源、国家基本制度的形成、主要思想观念学说的形成与文化艺术的源头，还有科技发明的源头都与这里有关，在中国文化的源头活水中，都无不闪烁着黄河文化的底色。

2. 黄河文化具有连续性的特征

黄河文化源远流长，延绵不绝。在世界四大“大河文明”中，只有黄河文化不曾断流。黄河中下游的中原地区，其文化序列一直没有中断，从新石器时代早期的裴李岗文化，到中期的仰韶文化、晚期的龙山文化，一直进入夏商周时代，谱系连贯，一脉相承。以农耕文化为核心的黄河文化一直是先进文化的代表，在文明时代的各个历史时期，中华文化的发展主线一直是草原文化与黄河文化之间的碰撞、交争、互通、融合。

3. 黄河文化具有国家文化的特征

黄河流域特别是黄河中下游的中原地带，在中华文明相当长的历史时期占据主流地位，长期处于中国政治、经济、文化中心。在北宋及此前长达数千年的历史时期，西安、洛阳、郑州、开封、安阳相继成为都城，这一时期历代都城一直在黄河沿线的横轴上左右移动，黄河文化的发展变化影响着中华民族的命运走势，黄河文化彰显的是一种国家文化。

4. 黄河文化具有包容性的特征

黄河文化以其博大的气势，融汇外来，吞吐万有，形成一个富有包容性的开放系统。一方面，南与长江文化长期相向而行，互相碰撞、相互吸纳，积累了越来越多的文明要素，并最终进入文明社会，形成文明国家；北与草原文化长期碰撞、相互融合，不断融入新鲜血液，纳入新生基因，丰富中华文明。另一方面，通过陆路丝绸之路和海上丝绸之路，与西方文化互通有无，与东南亚各国广泛交流，向外传播中华文明，向内输入域外文明成果[5]。

5. 黄河文化具有创新性特征

从舞阳贾湖裴李岗文化遗址出土发现最早的契刻符号，到安阳殷墟出土中国最早的汉字体系甲骨文；从黄帝史官仓颉造字，到李斯规范书写“小篆”“书同文”，到许慎编写出世界第一部字典《说文解字》，再到活字印刷术和宋体字的发明和使用，汉字文明的每一步创造创新都发生在黄河流域。从“河出图”“洛出书”，伏羲画八卦，到“文王拘而演周易”；从周公制礼作乐，到儒家、道家这两个中国影响最大的思想体系的创立，到法、墨、纵横、杂家等诸子文化，中华传统文化的元典内蕴和重要精神内核均孕育萌生于黄河文化之中。天文历法、青铜铸造、冶铁、陶瓷、中医等方面的重大突破，尤其是代表中国古代杰出科学成就的“四大发明”，都是由黄河文化孕育创造的。黄河文化是历史上很多中国文明元素的原创平台，并在数千年的发展进程中历久弥新，在今天仍保持着旺盛的创新动能和发展活力。

三、传承和保护黄河文化，加快文旅融合进程的对策举措

黄河流域丰富且重要的文化内涵和优势，为其文化旅游发展提供了重要基础，是形成中国黄河文化旅游带的得天独厚的条件。从文旅融合角度而言，黄河流域的文化和旅游资源具有天然的融合性，黄河故道、皇城遗迹、文明遗址、特色民俗等都凝结着黄河文化因子，黄河文化源远流长、博大精深，品质卓越、个性鲜明，内容独特、形式多样，蕴含着巨大的市场潜力和产业发展的巨大可能性，是黄河流域文化旅游产业发展的丰富资源和雄厚基础，是一座座取之不尽、用之不竭的富矿。从地理位置上来看，黄河流域的丝绸之路经济带东边牵着亚太经济圈，西边系着欧洲经济圈，陆上丝绸之路的发展，将西北五省区由过去的文化改革后方，变成向西开放的前沿阵地，有利于推动本地乃至中东部优势资源沿着丝路向西拓展，形成新的增长极。从“根”和“魂”的高度出发，紧紧围绕习近平总书记重要讲话精神进行谋篇布局，紧扣黄河流域生态保护和高质量发展这一重大国家战略要求，立足黄河流域文化资源和传承保护实际，深入挖掘黄河文化蕴含的时代价值，讲好新时代黄河故事，更好地推动黄河文化在新时代不断发展壮大，充分挖掘历史文化资源，通过内涵发掘、形象包装，让文物、古迹走出历史，让黄河文化资源不仅“活起来”，更加“火起来”，让沉睡的文化资源在产业化开发与保护的框架下实现价值觉醒，焕发新的生机，促进黄河流域经济社会的快速健康发展。

（一）建设黄河文化产业带或产业园，形成黄河文化产业发展基地

建议黄河流域各省区、各市县结合自己的发展实际与定位，建设黄河文化产业带、产业园等黄河文化产业集聚区，提高黄河文化产业发展的集约化程度。就国家层面而言，应该以政策和资金优势，重点支持在黄河九省区建设几个黄河文化产业集聚区，形成东、中、西特色鲜明、优势互补的黄河文化产业发展长廊，提高黄河文化产品生产能力和黄河文化服务功能，实现黄河文化生产要素的快速聚集和高效组合。应该以文化为纽带，以产业为载体，建设黄河文化城市群，营造独具黄河风情的文化产业发展圈。各省区、各市县也应该以境内黄河为轴线，以两翼广大地区为辐射，建设黄河文化生产力高度聚集发展的环带状经济区。

（二）大力发展黄河流域红色文化旅游产业，促进区域社会经济发展

红色文化资源是黄河流域发展文化旅游产业的重要优势条件。在新时代文化旅游融合、高质量发展的要求下，黄河流域还应进一步利用好丰富优质的红色文化资源，不断在红色线路、红色景区中加强文化创意，加强红色文化旅游与产业融合，在各个红色景区中深度研发相关文创产品，让红色艺术作品支撑景区，加强红色文化旅游和相关产业融合，拉长产业链条。另外，加强红色文化旅游和科技相融合，赋予时代要素，利用 VR、AR 技术等，变静态资源为动态产品，加强参与感和体验感，让红色文化遗产全面“活起来”，打造红色文化旅游精品，做大做强红色文化旅游产业，更大程度上促进区域社会经济文化发展。

（三）探索黄河文化引领城乡建设的新路径

黄河文化具有地域分散性的特征，不同区域产生不同的文化，而不同的文化则服务于不同地域的发展，呈现出不同的文化个性和产业形态。城乡建设应立足古老黄河文化，积极探索黄河文化引领城乡建设的新路径。因此，要高度重视黄河文化之间的自然融合，也要关注城市、乡村与黄文化载体的建设与完善。一方面，要关注农业文化、红色文化、生态文化、都市文化以及新兴文化的融合；另一方面也要注意这些文化资源在产业转化、美丽乡村建设、新型城镇化中的表现与作用，要从黄河文化的角度，引导城乡建设回归人本逻辑、从生产导向转向生活导向，在高质量发展中创造高品质生活，让城乡人民群众在黄河文化发展中有更多获得感。

（四）沿黄九省区协同发展，开辟黄河文化传承新路径

在让黄河文化遗产活起来，创新黄河文化传承利用的路径上，实施“黄河文化和旅游融合发展工程”。通过健全黄河文化和旅游设施网络体系，依托周秦汉唐文化资源实施“黄河文化和旅游融合发展工程”，提升文化旅游供给质量，构建“中华母亲河”文化旅游品牌体系，培育世界级黄河文化 IP。实施旅游景区、度假区综合提升、秦晋黄河文化旅游带共建共享、晋陕蒙黄河大峡谷文化旅游协作、晋陕豫黄河金三角文化旅游协作等项目[6]。

（五）促进黄河文化旅游供给侧结构性改革，着力优化旅游产品的空间、类型、品质 结构和业态

加快发展黄河文化演艺娱乐、影视、传媒、创意设计和节庆会展等业态，探索自驾旅游、探险旅游、考古旅游、亲子旅游以及体育旅游等新业态。开发低空飞行体验、航空运动等多种形式的低空旅游项目，培育“俯瞰秦岭”“全景黄河”“飞越大漠”等特色低空旅游线路，打造系列航空主题旅游产品。开发集文化体验、知识普及、娱乐休闲于一体的黄河文化研学旅游产品，将自然文化科考、学习研讨、劳动实践等研学旅行和夏令营、冬令营等青少年爱国主义和革命传统教育、省情国情教育作为重要旅游体验内容。

（六）开展丰富多彩的黄河文化活动

建议举办黄河文化论坛、黄河文化周和各种各样的黄河文化节庆活动。可以考虑拍摄以黄河为题材的专题片、影视剧，举行寻根祭河、经典场景再现，黄河民俗表演，黄河生活模拟，文化艺术体验、民俗物产展销，大型水景影视，黄河美食博览，黄河手工制作，黄河玩具大全，黄河民歌民乐演唱等活动。可以考虑建立黄河文化奖励基金，形成黄河文化传承发展机制，激励各种黄河文化活动的开展，激励社会各界为传承发展黄河文化贡献力量，为中华民族伟大复兴贡献力量。

（七）综合利用黄河文化资源，将资源优势转化为产业优势

找准黄河文化与产业发展的结合点、切入点，成立黄河文化产业转化协作中心，着力打造一批特色鲜明、结构合理、富有活力的黄河文化企业集群。把“文化+”战略落实到具体项目、创意产品及赛事活动上，推动文化与科技、体育、建筑设计、制造业等深度融合，打造文化产业新业态。

参考文献

[1] 葛剑雄.黄河与中华文明[M].北京：中华书局，2020.

[2] 李立新.深刻理解黄河文化的内涵与特征[J].中国社会科学报，2020（9）：23.

[3] 李玉洁.黄河流域农耕文化述论[C].黄河文明与可持续发展，2008.

[4] 陈文华.从考古发现看夏、商、西周、春秋时期农业区的开发[J].农业考古，2008（1）.

[5] 葛承雍.丝绸之路视野下亚洲文明交流新探[J].中国国家博物馆馆刊，2019（8）.

[6] 杨学燕.黄河文化的文旅融合发展研究[J].民族艺林，2021（3）.

以文旅融合促进首都休闲空间结构优化

赵雅萍*

（北京市社会科学院，北京 100101）

摘　要：到目前为止，北京市已经形成了休闲环境优化、休闲空间扩大、休闲活动多样化的休闲空间发展格局。然而，与人们日益增长的对休闲供给多元化、层次化、融合化、智慧化的需求相比，北京市休闲空间结构还存在着总量不足、分布不均、空间规模不达标等问题，已经成为满足人们日益增长的对高质量休闲需求的主要制约因素。在文化旅游融合发展的新时代，北京市休闲产业要走中国特色内涵式、高渗透融合、高质量发展之路，要构建全域化的居民休闲空间体系，优化居民休闲空间结构，增强居民和游客对高品质休闲的获得感。

关键词：文旅融合；休闲空间；主客共享

一、引言

当前，城市规划建设理念和实践开启了新的篇章，宜居城市、海绵城市、紧凑城市、低碳城市、智慧城市等概念不断涌现，城市规划、城市美学、休闲哲学等多学科融合发展的趋势也日益明显。现代信息技术的发展，以及后疫情时代对人们生活、出行，乃至休闲方式的影响，都使得居民对于其居住、生活和工作的城市空间质量提出了更高的要求，无论是城市建设和管理都应当让居住其间的人活得更加舒适、满意。正如刘易斯·芒福德（Lewis Mumford）在其《城市发展史》中写的“相比城市与自然环境之间以及与人类社会的精神价值之间的关系而言，城市在物质层面的设计及其经济功能居于其次”。

休闲是人与自然的和谐之道，而城市则是休闲的载体和容器。早在1933年，国家现代建筑协会（CIAM）制定的《雅典宪章》就将生活、工作、游憩和交通确定为城市的四大功能，满足人们的休闲需求是城市建设和发展的内在功能[1]。从国际经验来看，城市休闲产业的发展、休闲功能的优化和休闲品质的

［作者简介］赵雅萍（1982—），女，内蒙古包头人，北京市社会科学院助理研究员，博士，研究方向为旅游经济，E-mail：55529484@qq.com。

提升是西方发达国家经济社会发展的驱动力，也是特大型城市发展的内在要求。城市是休闲活动的供给者，也是需求者。城市休闲空间的分布既影响着居民能够获得的休闲机会和休闲质量，又是城市环境本底、景观特色及文化脉络等在城市休闲系统的空间映射，是衡量城市生活质量的重要标准。

党的十九大对我国当前社会主要矛盾做出了新的判断，即“我国社会主要矛盾已经转化为人民日益增长的美好生活需要与不平衡不充分的发展之间的矛盾”。休闲产业是五大幸福产业之一，发展休闲产业正是让民众过上美好生活的有效途径，而构建高质量的休闲空间则是打造美好生活这一命题的应有之义。2017 年 9 月《北京城市总体规划（2016—2035 年）》发布，新一版的总规定下了严格控制城市规模、优化城市空间结构和功能的基调，北京城市建设面临着从增量建设向存量优化的转型。与此同时，北京自 2001 年人均 GDP 突破 3000 美元大关以来，休闲产业开始起步发展。2010 年北京人均 GDP 突破 10000 美元，2018 年突破 20000 美元，到目前为止，北京市已经形成了休闲环境优化、休闲空间扩大、休闲活动多样化的休闲空间发展格局。然而，与人们日益增长的对休闲供给多元化、层次化、融合化、智慧化的需求相比，北京市休闲空间结构还存在着总量不足、分布不均、空间规模不达标等问题，已经成为满足人们日益增长的对高质量休闲需求的主要制约因素。

《中共中央关于制定国民经济和社会发展第十四个五年规划和二〇三五年远景目标的建议》提出，要推动文化和旅游融合发展。在文化旅游融合发展的新时代，北京市休闲产业要走中国特色内涵式、高渗透融合、高质量发展之路，要构建全域化的居民休闲空间体系，优化居民休闲空间结构，增强居民和游客对高品质休闲的获得感。

二、北京休闲空间发展现状

休闲时间的增加和国民收入的增长刺激了休闲需求的发展，休闲需求的发展进而推动城市改造和城市美化运动，一系列的城市休闲空间应运而生。而具体到北京，除了时间和收入两大因素助推休闲空间发展之外，还得益于以下两个转变。首先，得益于北京市居民休闲观的转变。居民休闲观从“消极”向“积极”转变，居民不再满足于居家或社区内休闲，市内公园绿地、环城郊野平原、远郊丘陵山区都被纳入居民的休闲空间体系中。其次，得益于北京市基于首都功能定位的城市建设实践的转变。近年来，北京市以落实首都功能定位、疏解非首都功能、城市副中心建设等重大战略举措为抓手，在城市规划、旧城改造和城市更新的过程中，更加重视城市居住、交通、游憩、休闲等多种功能之间的协调和平衡。在这个背景下，北京城市休闲空间呈现不断延展的趋势，主要体现在量的增加和质的提升两个方面。

（一）休闲空间的延展：量的增加

在量的增加上，北京市对标国际一流的和谐宜居之都，致力于增强城市的文化休闲功能，通过加强文化设施、城市绿地、口袋公园、郊野公园等公共建设拓展城市休闲空间。

以城市休闲活动的重要空间载体公共文化设施为例，北京市以构建现代公共文化服务体系为抓手，通过不断增加对公共文化建设的投入、推动公共文化服务共建共享等举措，使得公共文化设施的数量有了较大提升。目前，北京“市—区—街乡—社区 / 村”四级公共文化服务设施网络基本实现全覆盖，已建成 15 分钟文化服务圈。截至 2020 年年底，全市实体书店数量为 1938 家，排全国第一，同比增长 49%。

在城市绿地和城市公园建设方面，根据城区年末公园绿地面积统计，从 1978 年到 2019 年，绿地面积从 2693 公顷增长到 35157 公顷。2021 年，全市已有各类公园 1050 个，其中 88% 的公园免费向市民开放，并将在年内再添 26 处休闲公园、4 处城市森林和一批小微绿地、口袋公园等，到 2021 年年底，全市公园绿地 500 米服务半径覆盖率将达到 87%。2007 年北京启动绿地隔离区城市公园建设，将市区边缘的一系列城市公园、楔形绿地、滨河绿带、隔离绿地等串联在一起，形成集生态保护和休闲游憩等功能于一体的生态“公园环”。到 2020 年第一道绿化隔离区已形成“郊野公园环”，共有公园百余处，到 2022 年北京第二道绿隔地区将建成大尺度郊野公园 14 处。

在《北京市推进全国文化中心建设中长期规划（2019 年—2035 年）》中，北京市启动了新一轮的文化基础设施布局和建设，包括重点聚焦城市副中心、城市南部地区、新首钢地区等重要功能承载区，规划建设一批标志性的公共文化设施；加快建设北京市文化中心、北京人艺国际戏剧中心、北昆国际文化艺术中心、北京歌剧舞剧院、南部演艺中心、亦庄文化演艺中心等重点项目等，未来北京市居民的休闲空间将进一步扩展。

此外，随着全域旅游示范区创建评估工作的全面展开，旅游业逐渐从门票经济向全产业链经济转变，部分景区打开大门、降低票价、丰富业态，成为北京市居民重要的日常休闲空间；很多博物馆、文化馆、美术馆都免费对外开放，使得休闲空间呈现出全域化发展的趋势。

（二）休闲空间的延展：质的提升

在质的提升上，为了解决城市休闲空间数量不足、功能单一、品质不高等问题，北京市近年来持续致力于城市休闲空间和环境的改造提升。

1. 对碎片化、粗放式利用的休闲空间的精细化、集约化改造

2017年北京市委制定了《关于城市公共空间改造提升示范工程试点工作方案》，通过扩展公共绿地、优化道路组织、恢复历史景观、增设文化小品、引入休闲设施等措施，将原有碎片化、粗放式利用的休闲空间进行高品质、精细化、集约化的改造提升，使其转化为胡同微空间、屋顶花园、口袋公园、车库花园、遗址公园、漫步空间等“小而美”的休闲空间，提升了市民享受休闲的获得感和幸福感。2020年北京市城管委联合多部门印发《背街小巷环境精细化整治提升三年（2020—2022年）行动方案》，这项始于2017年的背街小巷三年整治行动通过留白增绿、拆违建绿、见缝插绿、垂直挂绿等措施，努力提升社区休闲满意度，目前已涌现出了西城大栅栏街道施家胡同、石景山模式口南小街等394条“首都文明街巷”。

2. 对生态性、工业性等单一功能空间的旅游化、休闲化改造

随着林业、农业、工业、文化创意产业与旅游业融合发展越来越紧密，更多的自然保护地、林地、农地、草地等原本生态性功能空间被赋予旅游功能，废弃的工业厂区、厂房等工业性功能空间被改造成为创意休闲空间，办公楼、医院、学校等非传统休闲场所也都积极配套休闲设施、完善休闲功能。这些郊野地区、荒地、废弃工厂和工业遗产区等由于旅游休闲化的改造和文化美学意象的注入，提升了休闲的便利度和美誉度。例如，曾经惠通河畔的棉纺厂和机械制造工业区现已经成功升级为惠通时代广场；昔日酒仙桥电子工业区逐渐变为一个总部研发区，同时在其内部衍生出798艺术区；原首钢园区1号高炉将打造为集沉浸式剧场、电竞等新业态的综合休闲娱乐空间。近年来，北京还探索了更多的城市空间休闲化改造模式，并探索用文化创意创新赋能老旧空间改造与提升，较为典型的案例就是“共生院”①。

三、北京休闲空间存在问题

总的来看，北京市休闲空间的建设存在着休闲资源多头管理制约统一休闲空间的形成、休闲服务供需错位等问题[2]，具体从社区公共休闲空间、城区休闲组团空间和环城延展休闲空间三个层面来看，其表现又各有差异。

（一）社区公共休闲空间

社区休闲空间是与城市居民住区距离较近、位于居民日常生活行为所及范围内的休闲空间，是城市休闲生活的主要支撑[3]。

1. 休闲空间规划与社区建设“两张皮”，未实现“闲住平衡”

从北京市社区休闲空间来看，普遍存在的问题是社区休闲空间总量不足、分布不均、休闲管理滞后等。特别是在人口密集度较高的大型社区，如天通苑、回龙观、亦庄、北七家、望京、方庄等地区，公共休闲设施及空间用地预留不足，导致现有休闲空间无法满足居民需求，处于超载状态，而原本不足的公共休闲空间被挤压、挪用，如绿地被改为停车场等的事件还时有发生。其本质原因在于，休闲资源管理、休闲公共服务、休闲空间规划与城市规划、社区建设两条腿走路，很多社区在建设休闲空间时忽视了休闲需求调查，未实现“闲住平衡”，导致距离过远、结构错位、供需错位，影响了休闲功能的发挥。

除此之外，在城市大规模扩展和居住郊区化的背景下，北京居民面临越来越严重的职住分离和长距离通勤问题，因此，社区尺度上的休闲空间配置与休闲设施的邻近并不一定会提高空间和设施的可达性和利用率[4]。这一点对于超大型居住型社区，如回天社区，以及通州、顺义、大兴、昌平、房山等新城的社区来说尤为明显。因此，对于以建设世界级城市为目标的北京而言，如何设计和规划职住分离背景下的社区，特别是超大型社区和新城社区的休闲空间，从而实现“闲住平衡”，提高居民休闲的获得感和满意度，是亟须解决的问题。

2. 休闲空间供给主体各自为政，未形成以人为本的服务理念

在一项针对北京某社区居民休闲情况的调查中，市民参与社区休闲多为自发组织。以社区中老年居民的重要休闲方式——广场舞为例，这一休闲团体较为分散，没有固定的经费支持，也没有专门的活动场所和设施支撑，自其流行以来，有关广场舞跳进地铁、跳进酒店大堂，跳广场舞老人与打篮球青年争抢场地等的新闻不断见诸报端。虽然社区周围分布着经营性的休闲娱乐场所，以及学校等各企事业单位的体育馆、图书馆等休闲空间，但这些休闲场所不是收费较高，就是不对外开放，限制了社区居民的参与。且街道、社区辖区内各事业单位或企事业单位仍存在突出的各自为政的情况，没有形成以人为本的公共休闲服务理念，导致社区休闲服务的整合力无法形成，限制了社区休闲空间功能的利用与发挥。

（二）城区休闲组团空间

城区休闲组团空间是城市休闲空间

的主体，主要包括城市广场、城市公园、公共绿地、游憩商业区（RBD）、旅游休闲街区、标志性景观休闲区以及各种公共文化设施等。从北京市城区休闲空间发展情况来看，空间供需失配现象仍较为明显。

1. 未建立与服务人口相匹配的关系

从城市公园分布来看，受城市化进程、奥运会等重大事件、绿化政策等的影响，目前北京城市公园主要分布于东、西、东北、西北方向附近，呈现出中心城市聚集外围拓展的不均衡发展态势，城市公园规划建设更多地体现出对城市产业和人口流动的引导，而非与城市现有休闲需求的匹配[5]。此外，在新兴城市公园建设上，在对公园选址、公园尺度、公园设施和服务公园同公共服务及设施的衔接、同市民休闲需求匹配等多个方面缺乏前期考量，为公共休闲空间的后续利用带来困难。

从图书馆、文化馆等公共文化设施分布来看，目前北京市公共文化设施在空间上分布并不均衡，呈现北密南疏、三环内密集三环外稀疏、核心城区相对密集，远郊区县相对稀疏的分布特征，且设施在规模、密度、服务人口和服务半径上与居民需求不相匹配。例如，行政级别相同的朝阳区和石景山区，尽管两区在土地面积和常住人口规模上差异很大，但同样都只有一座区级公共图书馆，相比之下，人口规模更大的朝阳区的区级公共图书馆就存在着超载现象。而对于石景山而言，由于其四周被山地、河流和原首钢工业区环绕，城市建成区面积和居民居住区面积相对较小，导致对休闲的空间需求相对集中，而石景山城市公共休闲空间呈现均质化、分散式的分布，导致了公共资源的浪费。

2. 未形成主客共享的休闲空间体系

在大众旅游和全域旅游阶段，北京城市休闲空间还存在着“景点”与“非景点”的对立，在利用主体上还存在着市民与游客的割裂。主要的表现在以下两个方面：首先是“旅游”导向型的景区景点近游客远居民。造成这一现象的主要原因其一是部分景点、街区过度商业化，导致本地居民参与率不高；其二是休闲空间功能单一，特别是旅游集散中心、旅游咨询服务中心等，大多数的功能和业态集中于咨询、商超、厕所，辅之以景点票务、北京旅游介绍、“北京礼物”等旅游纪念展示等基本功能，忽视了服务于城市建设和市民需求的考虑，不仅造成了游客休闲和市民休闲的割裂，还造成了淡季的空间、资源浪费。其次是“休闲”导向型的城市公园、文化馆、图书馆、博物馆等使用群体主要是本地居民，对游客吸引力不足。

（三）环城延展休闲空间

环城延展休闲空间包括主题公园、

郊野公园、农业观光园、旅游度假区、旅游景区等。

1. 未形成一体化的休闲空间体系

两个因素阻碍了一体化环城延展休闲空间的形成。

首先，政出多门。北京市的环城延展休闲空间，包括自然保护区、风景名胜区、森林公园、地质公园、湿地公园、水利风景区、海洋公园等多种类型，这些休闲空间归属于不同的行政管理部门，如地质类型的自然保护区——延庆硅化木保护区和房山石花洞，以及全市 8 个地质公园由自然资源部门负责管理；怀沙、怀九河水生野生动物自然保护区，房山拒马河水生野生动物自然保护区由农业部门管理；森林公园、湿地公园、风景名胜区、自然遗产则由园林部门管理。休闲空间管理政出多门导致缺乏统一规划，加上节点之间缺乏旅游绿道串联，一体化的郊野休闲空间尚未形成[6]。

其次，城乡割裂。受城乡二元结构的影响，北京市居民休闲也呈现出“强城市、弱农村”的特征，城乡居民在生活水平、休闲等公共服务获得方面存在一定差距。尽管随着公共政策逐渐向农村地区倾斜，农村休闲空间、设施缺乏状况得以部分改善，甚至出现了农村地区休闲设施部分闲置情况，但总体来看农村居民受惠程度还相对较低。

2. 未形成可亲近的休闲空间体系

环城延展休闲空间可进入性不强，阻碍了可亲近的休闲空间体系的形成。

首先是部分郊野休闲空间尚未对游客开发、开放。部分自然保护地“怕麻烦”而直接一关了之，将游客拒之门外。以郊野公园所依托的资源之一山区林地来看，当前北京山区森林面积已经超过 1100 万亩，但山区造林普遍采用封育管理，如何在保护和管理好林子的同时，让市民享受造林成果，是林业部门和文旅部门所面临的重大课题。

其次是已经开发、开放的郊野休闲空间与游客需求的适应性还较差。主要体现在以下两个方面：其一是郊野游憩功能不足。郊野休闲空间由于林地、水域、绿地等指标限制，缺少具有郊野特色的游憩休闲场所和设施。以南海子郊野公园为例，游客满意度调查显示，大多数人认为公园游憩活动缺乏郊野特色、游憩设施功能单一，导致游客的郊野游憩需求无法得到满足。其二是郊野景观特征的缺失。由于郊野休闲空间用地性质囊括了农用地、建设用地和未利用地，特别是农用地，在郊野公园的用地构成中占到了 60%~80%。已建成的郊野休闲空间对农民住宅的动迁力度非常大，对农业生产、生活都造成了极大影响，农村的景象、农民的生活场景、优质的农产品都难以寻觅。由于具有地域特色的乡村风貌和具有历史价值的人文遗迹等人文资源的缺失，导致郊野休闲空间的特色和风格与城市休闲空间同质化严重。

四、文旅融合背景下北京休闲空间优化对策建议

北京休闲空间优化应以习近平新时代中国特色社会主义思想，特别是文化与旅游融合发展思想为指导，以“文化+旅游+休闲”推动形成多产业融合发展新格局，按照“宜融则融、能融尽融”的原则，延伸休闲产业链条，统筹规划城乡休闲资源，统筹保障居民、游客休闲需求，推动休闲空间共建共享。

（一）社区公共休闲空间

1. 建立供需适配的休闲空间体系，实现闲住平衡

对于社区休闲空间，首先，在宏观层面上，休闲资源管理、休闲公共服务、休闲空间规划与城市规划、社区建设要同步进行，社区在建设休闲空间时要综合考虑人口密度和职住空间的分布，合力规划和建设与服务人口规模和半径相匹配的社区休闲空间体系，要合理规划首都休闲功能区和生活圈，科学布局居民的休闲和居住空间，重点增加邻近居住区，特别是大型居住区的绿地、公园等公共休闲空间的供给，建设“15分钟休闲生活点/区，30分钟休闲生活圈”，实现居民“闲住平衡”。其次，在微观层面上，要改善社区内循环，融入人性化和多元化改造元素，串联社区路网，疏通堵塞点，打通区域微循环，让社区居民走进绿地，享受休闲。

2. 加大社会参与力度，形成休闲空间供给的合力

形成以街道办与居委会为主导，企事业单位、经营性休闲娱乐场所、第三方组织[②]等为保障的社区休闲服务供给体系。一方面，探索开放式街区管理模式，鼓励已建成的住宅小区、学校、研究所、公司等企事业单位大院打开大门，开放共享绿地、休闲活动设施和文化、体育场馆的等公共休闲空间，实现休闲空间的优势互补；另一方面，要探索市场供给社区休闲服务的模式，应以书店、咖啡馆、酒吧等经营性的休闲娱乐场所为主体，综合考虑合同外包、用户付费等市场配置手段，将休闲作为付费物品提供给社区居民，为进一步拓展居民休闲空间、丰富休闲内容提供依据。除此之外，要充分发挥第三方组织的优势，对其所提供的休闲服务中心、休闲社团等空间、设施和服务等进行适当规制，以便形成社区休闲公共服务供给合力，提升社区休闲公共服务效率。

（二）城区休闲组团空间

1. 休闲空间建设与城市功能相协调

城市休闲空间并不是一个孤立的空间，其建设与发展与整个城市的空间格

局和功能调整息息相关。将城市休闲空间建设与城市功能相协调，才能充分发挥城市休闲空间在休闲、旅游、防灾减灾、科普、教育等方面的复合性功能，并在均衡、修复、优化城市功能中起到应尽的作用。

首先，要建立便利化、尺度适宜的休闲空间体系，提升休闲空间的使用效率。要按照“可进入、可参与”的原则，从人的尺度出发，从人的感受出发，因地制宜地规划城市休闲空间，而不是陶醉于广阔的占地面积和宏大的现代技术。纽约中央公园面积相当于北京奥林匹克公园的一半，卢森堡公园面积与北京的日坛公园相当，但这不影响它们成为城市休闲空间规划和利用的典范。海德公园为了保证周围几十个公交站点的正常运转，在不影响公园景观的同时，对中央公园四条主干道采取的地下穿行的设计方式，既保证了城市交通功能的正常发挥，也提升了公园的可达性和安全性。

其次，要推动休闲空间与周边街区的融合共享，通过线性廊道将文娱休闲场所、城市商业区、历史文化遗迹、居民住宅区等有机相连，将城市生活融入各类休闲空间；要将“精细化治理”理念从背街小巷整治推广至社区乃至城区、环城游憩带等更大尺度休闲空间的建设实践中，重点围绕城市副中心的老城，中心城区的冬奥会、冬残奥会场馆，平原新城的建成区、回天地区、大兴国际机场周边等区域由点扩面、由内而外全面提升城市休闲空间适游性和满意度；要增加商务区、开发区、CBD 等产业聚集区第五立面的绿化、休闲化改造，结合周边绿道、公园、小微空间的利用和改造，为市民提供更多的休闲空间，使居民的休闲权益在长距离通勤和职住分离的背景下也能得到保障。

2. 建立主客共享的休闲空间体系

在双循环背景下，城市休闲组团空间的建设应强调主客共享。首先，“旅游”导向型的空间应当兼顾市民休闲的需求，把满足本地居民对美好生活的需要放在重要位置，完成从全域旅游向全域休闲的转变。旅游休闲街区、旅游集散中心、旅游咨询中心等除了满足游客信息咨询、景区展示、交通换乘、超市购物、如厕休憩等服务外，还要结合城市休闲生活，融入主客共享的文化、商业、医疗等，在改善旅游淡季困境，避免空间、资源闲置浪费的同时，还可以方便本地人的生活服务和休闲需求。其次，“休闲”导向型的空间应当注重旅游功能的发挥，以文化与旅游融合发展思想为指导，推动图书馆、博物馆、美术馆等公共文化设施旅游化，使公共文化设施不仅成为文化服务的重要阵地，也成为旅游发展的重要载体；同时，在居民休闲调查时，要避免仅考虑常住人口的局限，不仅考虑到本地居民的休闲需求，同时也考虑到一日游客、短期旅游者、长期旅居者等的需求，做到休闲空间共建共享。

（三）环城延展休闲空间

1. 构建一体化的居民休闲空间体系

首先，建立由旅游主管部门牵头，各相关部门和单位参与的统一、协调的管理机制，从根本上解决郊野休闲空间归属过多、管理混乱的问题。将归属于自然口、农业口的管理职能剥离出来，由北京市园林绿化局设立专门部门对自然保护地统一进行管理，并将由市园林绿化局不同处室管理的森林公园、湿地公园、风景名胜区、自然遗产地也全部划归到该部门，实现自然保护地资源的统一管护。

其次，补齐乡村、城乡接合部等地区在公共休闲设施和公共休闲服务等方面的短板，公共休闲设施建设和项目选址向城市生态涵养区、乡村地区倾斜；改善和提升乡村的人居环境、公共休闲服务等；缩小城乡休闲在规模、结构和质量上的差距，维护休闲空间正义与空间公平。

2. 构建全域化的居民休闲空间体系

中共北京市委关于“十四五”规划和2035年远景目标的建议，指出要持续降低首都功能核心区人口、建筑、商业、旅游“四个密度”。在全域旅游发展的背景下，主题公园、郊野公园、旅游景区等环城延展休闲空间要充分发挥休闲功能，以文化与旅游融合发展思想为指导，从门票经济转变到“旅游＋文化＋休闲”的产业经济，将环城延展休闲空间建设成为兼具生态性、郊野化等自然属性，又充满乡土性、地域性等人文属性的、游客和居民共享的幸福空间，实现多方共赢。

基于现有5个区的全域旅游规划成果编制面向北京全市的居民休闲游憩总体规划，统筹利用北京市自然保护区、森林公园、湿地、水库、草原等休闲空间，在发挥其主体功能、保障生态安全的前提下，引进自然经营、森林疗养、生态体验教育等先进理念，增强其可进入性，并通过旅游绿道将游憩、休闲空间串联起来，让居民的休闲空间从点状的郊区景区扩展到面状的广阔郊野，降低中心城区休闲旅游密度。

注释

① “共生院”模式：具体来说，就是对腾退出来的空间进行重新设计，形成一种建筑共生；引入新居民入住，和原居民做邻居，形成居民共生；将新的文化产业与历史街区的传统文化融合形成文化共生。

② 此处的第三方组织又称非营利性组织，主要是根据全民休闲的开展情况，在民政部门注册登记后为居民提供休闲公共服务的社会团体。

参考文献

［1］宋瑞．休闲是城市的内在功能和独特魅力——《全球休闲范例城市研究》简述［J］．学术动态，2012（34）：20–21.

［2］李业龙．北京石景山城市公共休闲空间布局规划研究［D］．北京：北方工业大学，2018：6.

［3］付达院．基于休闲经济发展的城市休闲空间体系及其拓展［J］．城市观察，2014（1）：53–60.

［4］程雪浩，刘志林，王晓梦．职住分离背景下社区公共空间对社区融合的影响——以北京市为例［J］．城市发展研究，2019，26（12）：28–36.

［5］马聪玲．城市休闲空间的量化评价：以北京市主要城市公园为例［M］// 休闲绿皮书：2017—2018 年中国休闲发展报告．北京：社会科学文献出版社，2018：126–138.

［6］张晨新，王延博．北京市六环内公共休闲空间格局研究［J］．北京测绘，2020，34（8）：1046–1051.

国家级旅游休闲街区：多维解构与工作建议

李　雪*

（中国旅游研究院，北京 100005）

摘　要：本研究综合运用旅游学、经济学、管理学等相关理论，对国内知名街区、商圈进行案例研究，通过文本分析等方法，从空间、功能及形象等多重维度对国家级旅游休闲街区进行理论解构，进而从宏观与微观两个层面入手，探索国家级旅游休闲街区创建路径，提出推进国家级旅游休闲街区建设的工作建议，以期为城市休闲体系的构建与完善提供决策支撑。本研究可为国家层面的旅游休闲街区创建工作提供理论指引，同时也可为微观层面的街区建设提供行动路线，具有一定的理论与实践指导意义。

关键词：国家级旅游休闲街区；解构；创建路径

一、国家级旅游休闲街区多维解构

（一）空间维度：不囿于特定形态的地标空间[1]

自城市诞生的那天起，街区一直都是重要的公共空间和社会活动区域。在古代欧洲，中心广场和主要街道构成了城市形态的骨架。从古希腊的“Agora”，古罗马的“Forum”，到中世纪的“Plaza”，城市广场不仅是人民祭祀神灵、举行集会、欢庆节日的场所，也是批发、零售、交易服务等商业活动聚集地。随着欧洲对地标性空间的宗教、权威和纪念功能的强化，广场的商业机能开始退化，广场周边的居民区和公共空间开始承接外溢的商业功能，形成了早期的商业街。中国古代街区的商业功能和繁华象征也是极其明显的，《礼记·礼运》有言，“礼行于社，而百货可极焉”；

［基金项目］文化和旅游宏观决策课题“国家级旅游休闲街区：多维解构与创建路径”（项目编号：2021HGJCK10）

［作者简介］李雪（1981—），女，山东滨州人，博士，副研究员，研究方向为国民休闲、区域旅游，E-mail：zimulongtx@163.com。

《管子·乘马》强调，“市者，货之准也，是故百货贱，则百利不得”。宋代名画《清明上河图》所描绘的就是典型的商业场景，千载以下仍然能够感受到难以抗拒的人间烟火。

与想象中刻板的“一条街道，两边商铺”线性布局的街区不同，无论是建成于1923年的世界上第一个现代商业街美国乡村俱乐部广场，还是英国的考文垂步行商业街区、法国的香榭丽舍大街，都是通过城市广场将商业街与城市文化中心联系起来，呈现出以广场为中心的放射状空间格局。1852年，法国商人亚里斯泰德·布西科（Aristide Boucicaut）在巴黎市中心建造了第一家百货商店，开启了商业空间由平面到立体的转型。随着城市土地和交通等条件的限制日益明显，城市开始建设地下步行商业街区。例如，美国的“地下亚特兰大”和加拿大蒙特利尔地下城等。更多的街区如巴黎的香榭丽舍、纽约的第五大道、东京的银座等世界知名的商业街区都是立体的、开放的，更没有多少米长度、多少个出口的规划限制。这些街区不仅聚集了大量的人流、物流和信息流，在商业上取得巨大的成功，还形成了世界旅游城市亮丽的风景，每年吸引世界各地的游客前来购物、餐饮、观光和休闲。

中国古代城市的空间布局起初沿袭的是《周礼·考工记》所载的古典“市”制。北宋仁宗时期，商品经济的繁荣冲破了“前朝后市”的桎梏，临街设店、行业街市和庙会集市等多种形态的商业空间得以充分发展。随着消费需求的增长和商业经济的繁荣，传统线形街道开始向“非”字形、“申”字形、“国”字形等空间组合形态转变，实现街区化发展。随着建筑工程和技术手段的进步，向上要空间的商超综合体开始走向立体化，如北京的王府井、三里屯、蓝色港湾，天津的五大道，上海的南京路，成都的春熙路，重庆的解放碑、洪崖洞，广州的天河路，在空间布局上也越来越趋于立体化和开放性。

纵观国内外街区的发展历史与实践经验，无论是狭长的线形空间、圆形的放射状区域、“申”字形和“国”字形的异构空间组合，还是综合利用地上、地面、地下的立体化空间区域，都有可能成为世界知名的商业街区，并吸引本地市民和外来游客的频繁到访。从全球范围来看，空间是封闭的，还是开放的，布局是线性的，中心放射状的，还是立体的，从来都不是知名街区的必要条件。只要承载了市民对美好生活的向往，聚集了商业、时尚和繁华，能够满足本地市民和外来游客共融共享的需要，就具备了旅游休闲街区的现实基础和发展为城市名片的潜质。

（二）功能维度：主客共享的美好生活新空间

在城市不断的更新改造过程中，旅游休闲街区已成为一座城市的名片与象征，承载着商业、旅游、文化休闲等功能，直接反映城市的经济活力与文化环境氛围。

1. 旅游休闲街区是繁荣城市经济的商业载体

无论是传统历史文化街区，还是新建的现代商圈、文化创意街区，都离不开“商业”二字，商业开发与经营的成功与否直接关系着街区的存亡。因此，各类休闲街区最为倚重的就是商业氛围的营造与商机的把握，即通过优越的地理位置、完善的软硬件等来吸引商家，尤其是知名品牌的进驻；通过营造舒适、时尚、具有文化特色的购物、娱乐、休闲环境来聚集人气，实现商业利益的增加。一个成功的休闲街区一定承载了数量庞大的商贸活动，在城市或区域第三产业发展中占有较大比重，是繁荣经济的载体。休闲街区不仅能够创造巨大的商业价值，还能通过拉动所在区域的人气与土地价值，进而辐射周边地块的发展。

2. 旅游休闲街区是传承历史与地域文化的载体

休闲街区作为城市生活的亮点，浓缩了城市的历史与文化，记录着城市的繁华和时尚，代表了民族的传统和个性。如美国纽约的第五大道，除了是购物的天堂，是世界上首屈一指的商业街区外，还吸引了众多纽约的作家、画家、演员、艺术家住在这里，而且这里也是剧院和博物馆、艺术馆雅集之处，是一种文化云集和张扬之处。从凯旋门一直延伸到协和广场的香榭丽舍大街，是整个法国艺术的精华所在，是巴黎的象征和标志。莫斯科的阿尔巴特大街历史悠久，目前是著名的商业步行街之一，街头艺术家成为吸引行人的重要亮点。

商业与文化的有机结合是现代所有成功的城市休闲街区的重要特点。城市旅游休闲街区是保护城市古建筑遗产、保护传统城市空间景观特征的重要途径，其建设意义不仅在于商业街区、商业中心本身，更大程度上是在改善城市环境、保护城市历史文化风貌特色以及提高城市中心商业活力的总体架构下的合理选择。

3. 旅游休闲街区是城市生活的重要载体

街区是城市生活的基本单元，为居住在城市的人们提供公共交往空间。旅游休闲街区能够给所有人提供热闹、繁华、轻松、悠闲、激动、怀旧等不同的生活感受。人们在这里不仅能够购物，而且在休闲、观光、娱乐、餐饮、美容、健身等方面也可以得到充分的满足。

4. 旅游休闲街区为城市旅游高质量发展注入了新动能

旅游休闲街区的发展不仅获得了商业的繁荣，而且能够很好地促进当地旅游业的发展，形成商旅互动、商旅共赢的良好局面。目前，全国已涌现出一批承载悠久历史、彰显现代时尚与繁荣的知名街区，如北京的南锣鼓巷、上海的南京路、重庆的解放碑、成都的宽窄巷子、广州的天河路、哈尔滨的中央大街等。这些街区已成为现代都市重要的休闲、购物、旅游地。2019 年，宽窄巷子游客量达 4163.7 万人次，实现营业总额 12.11 亿元；被誉为“中华商业第一街”的南京路游客量突破 2 亿人次，成为上海最繁华的商业街；重庆解放碑吸引游客量逾 1.6 亿人次，带动区域社会消费品零售总额突破 800 亿元。据中国旅游研究院《2020 中国夜间经济发展报告》专项研究，城市夜生活体验已成为游客和市民休闲旅游的首选。2019 年，西安大唐不夜城围绕“盛唐文化”进行夜游升级，实现游客接待量 1.01 亿人次，成为夜游西安新地标。总体上看，旅游休闲街区作为城市最具活力的街区组织，对于重塑城市休闲内容、引领业态创新、优化休闲空间结构等方面具有重要作用，已成为推动城市旅游休闲产业迈向高质量发展的新生力量。

（三）形象维度：有温度可感知的人文空间

1. 基于游客视角的街区形象感知要素

本研究选取北京南锣鼓巷、三里屯、蓝色港湾商圈，成都宽窄巷子，上海南京路，广州天河路，重庆解放碑，武汉江汉路，西安回民街，哈尔滨中央大街 10 个知名街区、商圈为案例，以各街区关键词在马蜂窝旅游网站上搜索相关游记作为数据样本，借助文本分析方法，总结、分析各街区访客的关注点及其对旅游休闲街区的形象感知要素。

游客对于不同街区的关注点，既有共同之处，又因街区特色不同而有所差异（图 1）。如南锣鼓巷游记分析表明，胡同、王府、故居、小吃、历史、建筑等是游客较为关注的；宽窄巷子游记分析结果显示，文化、特色、街道、历史、院落、火锅等是游客的主要认知元素；北京蓝色港湾分析显示，灯光、夜景、美食、餐厅、品牌等是吸引力所在；北京三里屯则以酒吧、餐厅、品牌、时尚等元素为著；上海南京路所呈现的百货、老字号商店、月饼、历史等元素是游客印象最为深刻的；武汉江汉路的建筑、风格、银行、商业、历史等是游客较为喜欢的；广州天河路的广场、时尚、美食等是吸引游客前往的重要元素；哈尔滨中央大街的建筑、马迭尔冰棍、艺术、教堂等是游客较为关注的；西安回民街，美食、小吃、牛羊肉、鼓楼、历史等是驱动游客心向往之的重要元素；重庆解放碑的酒店、纪念碑、火锅、夜景则是其为游客耳熟能详的重要基因。

根据游客对每个街区的关注点及其对应文本内容（表1），将游客视角下最能反映旅游休闲街区形象的要素归纳为：文化、美食、建筑、历史、交通、购物、娱乐、住宿、环境、服务10个方面（图2）。

由图2可以看出，文化、美食、历史、建筑是游客对旅游休闲街区感知度最强的要素，尤其是文化与美食，在10个街区游记中均有体现，而历史是除北京蓝色港湾、三里屯以外，其余8个街区游记都反映出来的感知要素。环境、购物、娱乐、服务、交通、住宿也是游客对旅游休闲街区的重要感知要素。其中，北京蓝色港湾、三里屯，上海南京路，武汉江汉路，广州天河路，哈尔滨中央大街、重庆解放碑等街区游记均不同程度地记录了游客对街区环境的形象感知；成都宽窄巷子、北京蓝色港湾、西安回民街、重庆解放碑等街区游记均充分显示了服务态度、水平对游客感知的重要影响；购物环境、品类、质量，娱乐项目丰富度，交通便利程度、住宿水平等要素是街区满足游客基本旅游、休闲需求的基础性要素。从对应的文本内容来看，这些要素无一不承载着历史的记忆、厚重的文化与城市的温度，吸引着人们去感受和探寻。

2. 基于社区居民、企业与政府部门视角的总结

对北京南锣鼓巷等街区当地居民、企业与政府部门进行了访谈，总结得出不同主体对国家级旅游休闲街区的认知。

从居民视角来看，国家级旅游休闲街区应发挥亲民、近民、便民、富民的作用。居民希望旅游休闲街区建设能够改善街区绿化、景观等周边环境，增加休闲及生活服务设施，提高街区及社区周边交通便利性，能够给社区居民生活带来便利；居民希望能够获取一定的就业机会，积极参与街区创建以及街区日常工作；居民希望能够参与街区的一些文化节庆活动，增强街区与社区居民的交流与良好互动。

从企业视角来看，国家级旅游休闲街区应具备优越的营商环境，应靠近居民居住区、商务中心或金融中心，具有巨大的访客市场群体，应具备丰富的多元经营业态，以满足不同消费群体的消费、社交、娱乐等服务需求。

从政府视角出发，国家级旅游休闲街区应能够发挥至少以下四方面作用，即代表城市品牌与城市印象、带动区域经济发展、承载城市多元文化以及推动和谐社区构建等。

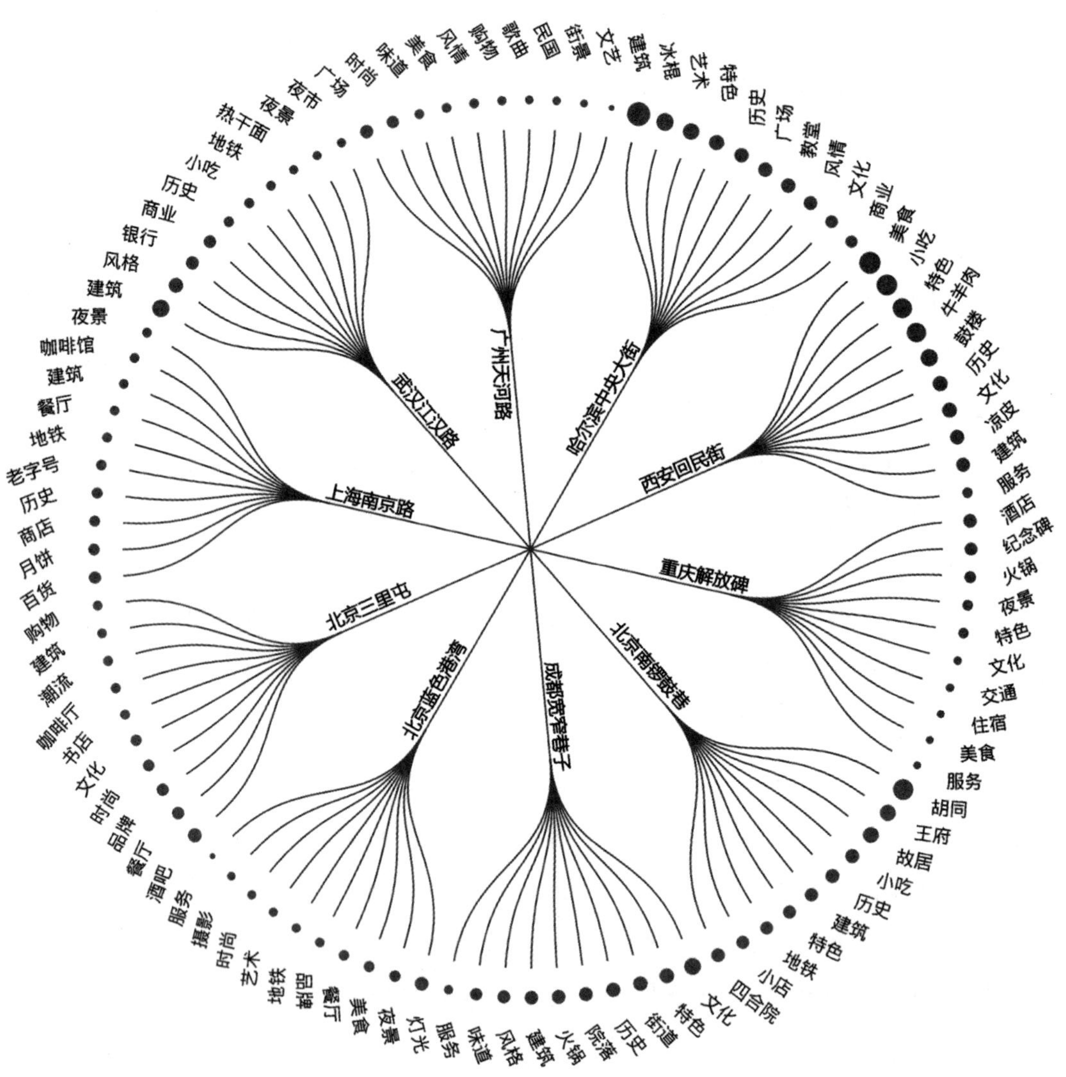

图 1　游客对十大街区的关注点

表 1　游客对街区的关注点及对应文本内容示例

关注点	文本案例
冰棍	哈尔滨中央大街：这个冬天，和我们一起去哈尔滨，逛最美的中央大街、吃最正宗的马迭尔老冰棍！
火锅	重庆解放碑：这家火锅店是我去过最特别的一家店，名字也非常特别“巴九门火锅博物馆”。
热干面	武汉江汉路：吃臭豆腐和热干面的老店，据传都有几百年历史。
牛羊肉	西安回民街：民以食为天，提起回民街，就不能不说说这里的美食了。牛羊肉泡馍、红柳烤肉、灌汤包、水盆羊肉、肉丸胡辣汤、小酥肉等。

续表

关注点	文本案例
小吃	北京南锣鼓巷：南锣鼓巷最不缺的就是小吃，这太满足我们吃货的愿望了～
	武汉江汉路：江汉路步行街，最好晚上来，因为景色不错，小吃也非常多哟！
	西安回民街：这里的特色美食小吃遍地，数不胜数。从街头到街尾，各种小吃琳琅满目，像肉夹馍、羊肉泡馍、凉皮、饺子宴、biangbiang 面等食品，是很多人耳熟能详的西安名吃。
特色	北京南锣鼓巷：白天南锣古巷是美食街，主街上，北京特色的文宇奶酪，全聚德烤鸭，稻香村糕点，京红炸糕，北京水爆肚都可以找到。
	北京南锣鼓巷：想了想还是胡同比较有特色。
	哈尔滨中央大街：漫步在百年老街上看看俄式建筑，但欧陆异域风情不仅体现在建筑风格上，在生活习俗与情调的感染上，也留下了很多异域风情特色。
	西安回民街：回民街本身不长，与与其交叉的小巷子共同组成了回民街的特色风情。
	重庆解放碑：码头文化是其特色。解放碑地区作为最早最便利的码头集散地，这里历史人文景点最集中。
百货	上海南京路：南京路上的商场是真的很多，没必要都逛，最推荐的就是“新世界大丸百货”。
夜景	北京蓝色港湾：作为一个常年混迹帝都的人来说，真心感觉平时的蓝色港湾夜景也是超美的！
	重庆解放碑：其实夜景更好看，晚上的时候加上灯光的渲染，就像是夜城一样美极了。
	武汉江汉路：武汉的潮男潮女们一到晚上，就会向江汉路聚集，逛街，吃小吃，聚会，或是在江滩欣赏美丽的武汉夜景。
	上海南京路：白天不错，不过夜景也美，一线城市的建设水平彰显得淋漓尽致。
时尚	北京三里屯：虽然时尚、潮流、奢侈品、购物……这些词汇基本与我绝缘，但我还是想看看太古里到底是什么样子，或者说，看看我自己到底有多土。
	广州天河路：周日随孩子们去逛时尚天河，顿时感觉自己“穿越”了时光，就好像到了一条民国风情街——“夜上海”街景，以及旧时岭南风情“寻马街”。
四合院	成都宽窄巷子：四合院的沉静与书香相互浸润，让人难以拒绝。
	北京南锣鼓巷：和很多人一样，来到北京，让我们感兴趣的往往不是那些鳞次栉比的高楼大厦、宽阔笔直的柏油马路，而是那曲折幽深的小小胡同、古雅温馨的四合院。这条古巷中的小胡同使其既保留了老北京四合院的神韵，又融入了江南民居元素，而且非常适合现代人居住。
地铁	北京南锣鼓巷：乘坐地铁是最方便的，有地铁 6 号线和 8 号线。
酒吧	北京三里屯：说起三里屯，人们的第一反应就是酒吧；这次来北京学习，报到结束后就迫不及待地跑来三里屯了。
摄影	北京蓝色港湾：这里是摄影爱好者聚集地，四处都能看到好多的扛着可沉的镜头和三脚架在这里拍摄美女模特。蓝色港湾白天也是摄影人像写真的好地方，欧式的感觉很美。
灯光	北京蓝色港湾：还记得三年前的平安夜去蓝色港湾，夜色璀璨绚丽，上亿彩灯、万串灯链组成十多万平方米的灯光乐园，走在满天星星般的灯光瀑布下，会让你有一种犹如蓝调梦境般的感觉。
………	…………
………	…………

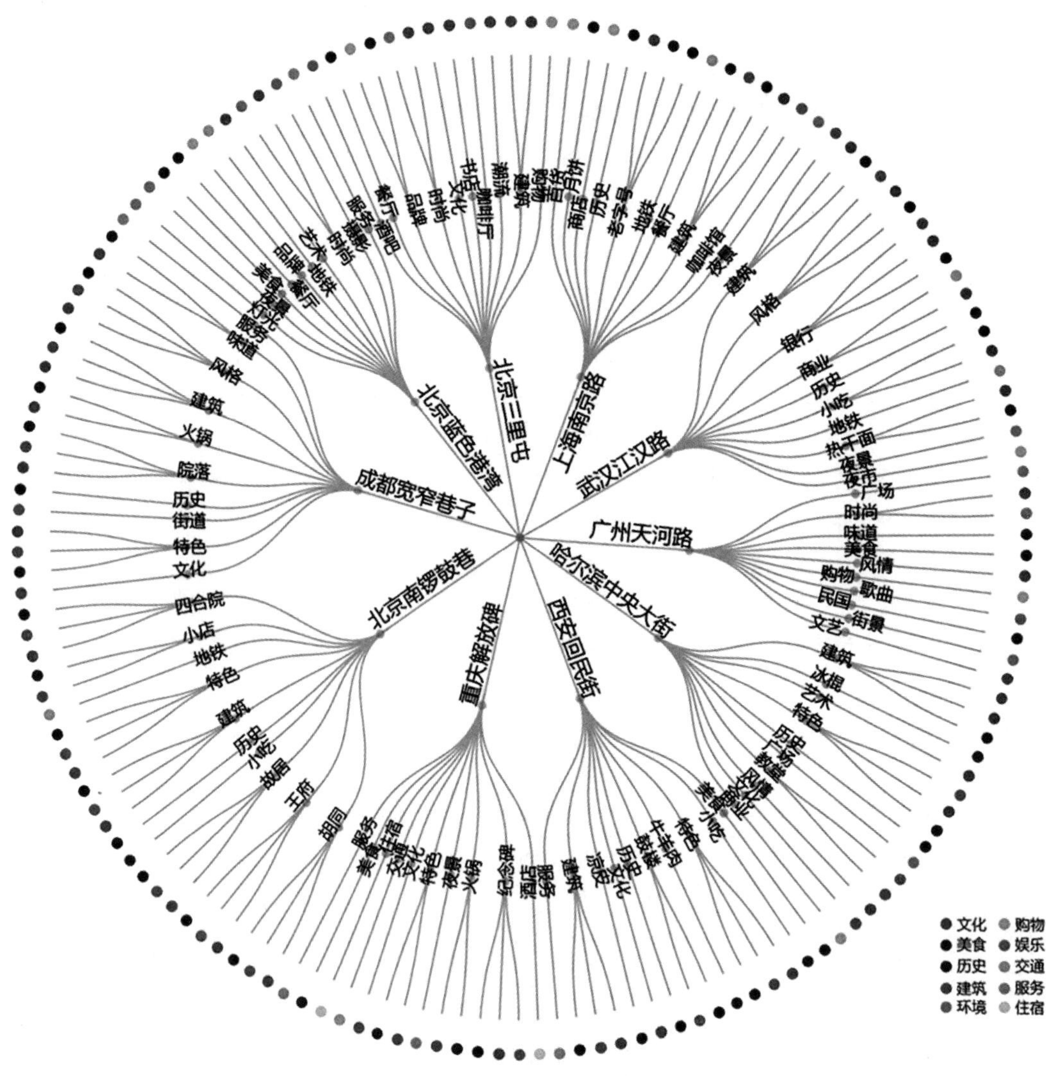

图 2　游客视角下旅游休闲街区形象感知要素

（四）基于多维视角的国家级旅游休闲街区

通过空间、功能、形象等多维视角解构，以图示国家级旅游休闲街区应具备的基本元素与特征（图 3）。

二、国家级旅游休闲街区创建路径探析

（一）明确国家级旅游休闲街区发展路径

国家层面要制定旅游休闲街区建设发展的路线图。根据文化特色、业态布

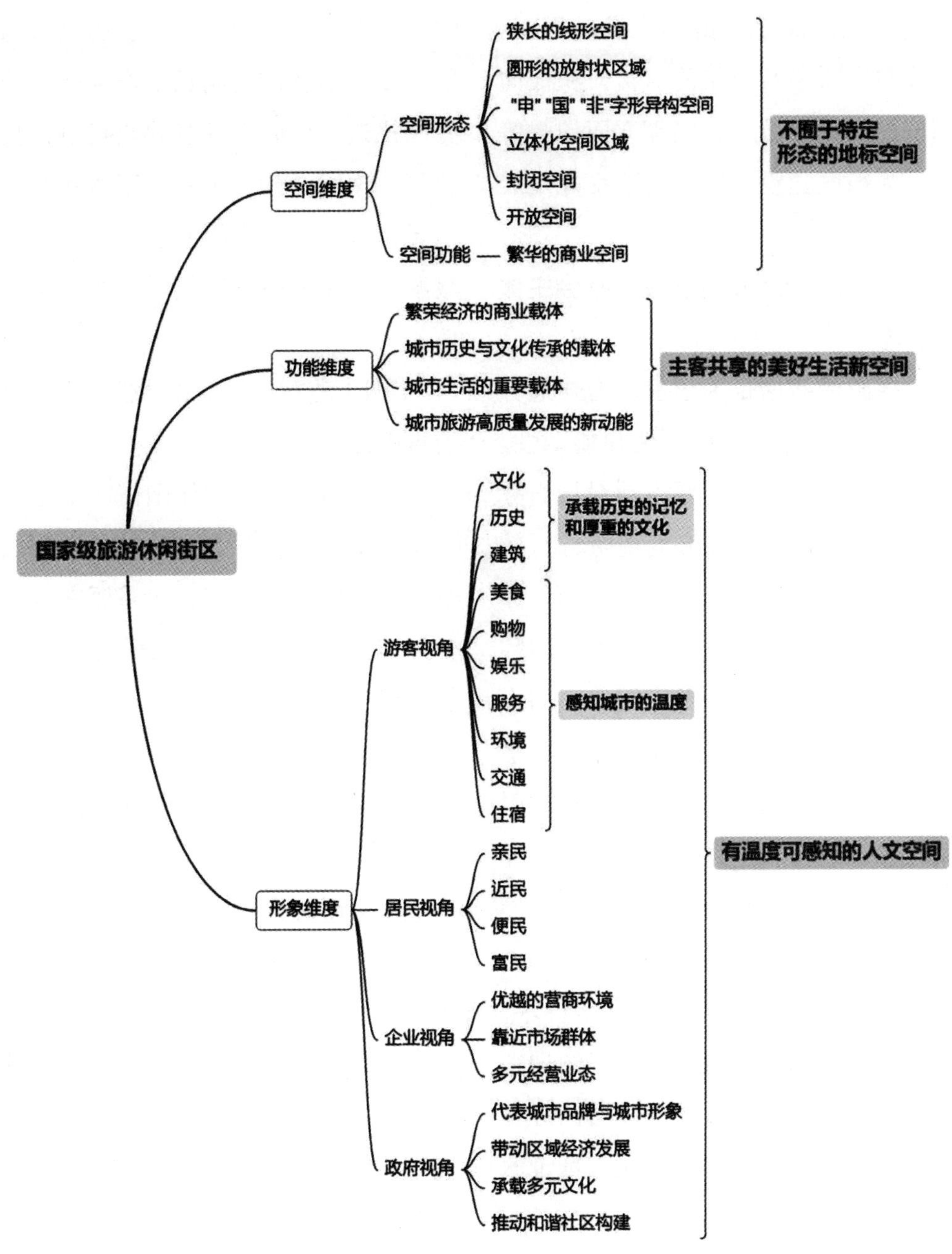

图 3　基于多维视角的国家级旅游休闲街区解构

局、环境氛围、公共服务、配套设施等条件，遴选一批旅游休闲街区进行实践探索，总结发展规律与经验，形成旅游休闲街区发展的样板。地方政府应在客观把握街区综合发展条件的基础上，对标样板区域、借鉴成功经验，因地制宜制定街区发展规划，明确发展方向、发展模式和行动路线，探索适合街区实际的创新发展之路。在街区建设过程中，应加强与国家宏观政策的对接，积极向不同部门申请财政、金融等方面的政策支持，为街区建设、运营创造良好发展环境。

（二）政府理性引导，多元社会主体广泛参与

以旅游消费增量为导引，增强地方建设旅游休闲街区的积极性和能动性。政府旅游行政主管部门要主动对接商务主管部门，把旅游市场和商业资源有效连接起来，吸引社会力量广泛参与，务实推动街区建设。要在理论建设和国际比较的基础上，做好旅游休闲街区的中长期规划、行业标准的完善与执行、空间优化和业态布局等宏观调控与行政引导工作。在培育和建设过程中，营商环境和产业生态至关重要。引导和培育多元化的旅游市场主体，调动投资、商业、科技等社会力量，兼顾社区发展诉求，推进旅游休闲街区发展。在政府的理性引导下，实现政府、开发商和居民等主要利益相关主体的合力最大化，推进旅游休闲街区的繁荣发展[2-3]。

（三）引入公众视角，健全街区评定与验收机制

旅游休闲街区不是一个单纯的物质聚合体，而是一个以人为中心的社会有机体。其创建、评定和监管，要引入公众视角，充分发挥市场主体和消费群体的作用，鼓励企业、游客、市民参与评价，以游客和市民满意度作为重要依据有序推进。同时，健全验收机制，优化验收专家库结构，不能过度依赖政府和学界专家，大幅度提升业界一线专家和旅游、文化、商务等领域一线专家的比例。

（四）尊重地方的创造性，发挥企业的积极性

打造国家级旅游休闲街区不是大拆大建[4]，也不是推翻原有建筑、修旧如新或简单的修旧如旧，而是要在遵循社会经济发展规律和内在逻辑的基础上，与人民生活相结合，构建传统空间形式与现代商业模式相适应、新老建筑交融并存的组织形态，以实现街区的传承与发展[5]。

旅游休闲街区建设，宜采取“自下而上”和上下结合的决策路径，以政府补贴和公众参与的方式，鼓励居民保护传统文化遗存、改善人居环境。提升居民在街区规划、开发、建设决策、管理与运营中的话语权，实现居民由被动、消极的实施角色向主动、积极的参与角色转变，使街区更新成为居民的自愿行动。只有切实提高群众参与度、增强民心归属感，才能建成有温度可感知、让游客与市民充满幸福感的国家级旅游休闲街区[6]。

三、推进国家级旅游休闲街区建设的工作建议

（一）建立市、区、街三级联建联管机制，多方联动推进街区建设

市级针对旅游休闲街区成立领导小组，对全市街区总体规划、特色定位、业态布局等进行综合协调、指导和政策研究；由街区所属管辖的区人民政府组建街区管委会，协调各有关乡（镇）人民政府、街道办事处，做好街区的日常监督管理工作，通过市、区、街三级联建联管机制推动街区建设有序开展。其中，市旅游休闲街区规划建设领导小组及其办公室在规划布局、街区定位、功能配备、政策制定、监督考核等方面发挥主导作用；各区、县（市）在街区业态调整、特色定位、街区建设、日常监督等方面发挥属地管理作用；各街区管委会切实负担街区日常街容街貌、卫生保洁、绿化维护、街面秩序、交通安全、公共设施、商业经营等监督管理责任。此外，街区管委会应加强对经营企业的培训，通过加强职业道德、文明礼仪、诚信经营等方面的教育培训，提升旅游休闲街区软实力。

（二）旅游休闲街区建设要以具有前瞻性的中长期发展规划为指导

市一级制定统一的旅游休闲街区发展总体规划，统筹全市休闲街区建设工作，形成布局合理的街区体系。街区层面，应综合考虑自身特色、发展现状、不足之处等因素，就街区主题定位、业态布局、店铺风格、道路标志、街景美化、景观设置等方面编制详尽的切合实际的规划，指导街区健康有序发展。

（三）旅游休闲街区建设要注重文化内涵的挖掘

旅游休闲街区要挖掘传统文化，彰显本地文化自信并形成可视可触可感的生活环境与街区氛围[7]。特色文化的挖掘不只是简单地把文物展陈给游客看，把非遗作品销售给游客，也不是简单地把游客带进文化空间这么表象。文化是无时不在、无处不在的，它广泛融入街区发展的各个空间、各个环节和建筑小品，与高素质的员工和市场共同构成了可以分享的文明，可以触摸的温暖。在旅游休闲街区建设过程中，应从街区现有资源出发，立足街区发展定位，充分把握街区最凸显的特色，通过街区整体文化与气质的提升，实现街区商贸、旅游、文化有机结合，达到多元文化互生共存的和谐局面[8]。

旅游休闲街区要有意识形成本地可以识别的商业文化，形成市民愿意消费的商业氛围[9]。国家级旅游休闲街区可以指向历史文化街区，更可以指向未来，包括现代化都市的时尚商圈。因此，无论是传统的综合性商业街区、历史文化

街区，还是全新打造的特色主题街区、文化创意街区，只要同时承载经济社会发展和传承历史、繁荣文化功能，都可能发展成为国家级旅游休闲街区。

（四）旅游休闲街区建设要重点构建多元融合的产品供给体系

鼓励地方政府细致梳理街区文化与历史发展脉络，挖掘、提炼街区文化的独特价值，夯实文化引领街区发展的内在支撑；以特色文化为主线，推进文化、科技、旅游、休闲的创新融合，丰富产品供给，构建主客共享的多元化旅游休闲供给体系，培育壮大街区发展的新动能；在满足本地居民居住、生活与休闲服务功能的基础上，积极引导旅游休闲街区构建多元化、多层次的传播平台，形成特有的文化品牌体系；通过文旅融合、产城融合、街城融合，拓展旅游休闲消费空间，延长游客在街区、在城市的停留时间，发挥街区对城市旅游提质升级的带动作用。

（五）旅游休闲街区建设要以主客共享理念为指引，完善旅游休闲服务与配套设施

从世界各地知名街区发展经验来看，那些能够让本地居民感受幸福，也能够让外来游客多次到访的城市旅游休闲街区，一定具有功能完善的物质基础和追求品质的生活态度。旅游休闲街区不能只有传统的生活空间，还要植入当代生活方式、现代商业业态和产业服务[10]。这就需要积极引进满足游客与市民多元化需求的知名品牌和新兴业态，提升街区整体服务品质，营造城乡居民流连忘返的高品质生活场景，实现旅游休闲街区的持续繁荣[11]。

商业接待体系的完善性和公共服务的便利性，是本地居民和外来游客共同的基本需求[12]。国家级旅游休闲街区不仅要有完善的旅游基础设施和优越的商业环境，更要营造便利的公共服务体系和现代化的治理生态。因此，以主客共享理念为指引，将外地游客的休闲需求增量叠加到本地居民的需求存量之上，统筹规划交通、餐饮、文化、娱乐、购物等商业接待体系和问询、公共厕所、投诉救援、应急管理等公共服务体系，提升服务的便利性与高效性，是旅游休闲街区建设的前提和关键。引导、支持街区营造优越的商业环境、高品质的生活环境和现代化的治理生态，提升服务品质，形成整体休闲氛围的安全、秩序和品质感，营造一个可亲近、可感受、可触摸的休闲空间。只有让游客和居民能感受到触手可及的温暖，才能实现国家级旅游休闲街区建设的根本宗旨。

（六）旅游休闲街区建设要注重品质建设和品牌培育

旅游休闲街区在建设过程中应突出强调品质建设，通过诚信经营、优质服务、优良环境、品牌建设等环节塑造街区完美品质，提升街区形象，将其打造成城市旅游休闲的风向标[13]。其中，诚信经营是品质核心。各旅游休闲街区管委会，应协同市场监管等有关部门构建诚信体系，为消费者提供值得信赖的消费场所。同时，应加强对街区从业人员的培训，提升从业人员营业素质，改善从业人员的服务技能和服务态度，并建立完善售后服务体系，为街区服务和商品品质提升创造条件。另外，应保证能够提供安全、卫生的优良环境。

品牌建设是旅游休闲街区建设过程中的重要战略[14]。街区品牌不仅象征着一个街区的综合实力，还能带动周边区域的发展。旅游休闲街区建设应树立品牌意识，培育品牌成长，推广品牌发展，力争经过市场运作和精心培育，逐渐实现品牌化发展战略。

（七）旅游休闲街区建设要注意生活方式和价值观的引领

在消费社会中，商品并不仅是物质产品，它还蕴含思想意识、价值观念和文化背景。选择和购买商品，同时也接受商品中所包含的观念，当这种观念为大多数人所接受时，商品消费也就推行了某种意识形态下的生活方式，人们在消费的过程中误以为获得了商品符号背后所传达的信息[15]。要坚持“以文塑旅，以旅彰文”这一文化和旅游融合发展的根本思想。

参考文献

［1］戴斌，李雪．旅游休闲街区：繁荣的商业和共享的生活［R］．旅游内参，2021.2.5.

［2］麦咏欣，杨春华，游可欣，等．“文创+”历史街区空间生产的系统动力学机制——以珠海北山社区为例［J］．地理研究，2021，40（2）：446–461.

［3］廖涛．历史文化街区利益相关者诉求及其影响研究［D］．成都：西南交通大学，2017.

［4］梁睿娟．基于“有机更新”理论的历史文化街区保护与发展研究［D］．苏州：苏州科技大学，2017.

［5］施敏．空间生产视角下的历史文化街区更新研究［D］．杭州：浙江大学，2020.

［6］徐小波，吴必虎，刘滨谊，等．基于从业者的旅游历史街区商业空间发展特征及机理——扬州“双东”案例［J］．地理学报，2016，71（12）：2212–2232.

［7］殷紫燕，黄安民．网络文本分析：文化创意街区游客体验研究——以晋江五店市为例［J］．闽江学院学报，2019，40（4）：85–92.

［8］司洁，李欣鹏，薛靖裕，等．基于地方性视角的历史街区商业化程度量化研究——以西安市北院门历史街区为例［J］．城市发展研究，2019，26（7）：107–113，2，37.

［9］庞广仪，陆一萍．北海骑楼街区的历史文化内涵与保护开发对策［J］．中州大学学报，2019，36（2）：64–68.

［10］苏红，张伟一，王珺．主题型开放式商业区开放空间分析——以北京蓝色港湾为例

[J].江苏建筑，2012（1）：27-28，58.
[11]朱鹤，刘家明，李玏，等.中国城市休闲商业街区研究进展[J].地理科学进展，2014，33（11）：1474-1485.
[12]唐蕊.城市修补理论下南锣鼓巷历史街区更新研究[D].哈尔滨：东北林业大学，2019.
[13]肖扬，谢双玉，王晓芳.基于网络游记的武汉市历史文化街区游客感知分析[J].旅游研究，2017，9（1）：83-94.
[14]徐姣，陈肖静.关于我国历史街区旅游开发研究的回顾与思考[J].旅游导刊，2018，2（5）：54-72.
[15]叶小玲.广州天河路商圈的城市空间形态演变研究[D].广州：华南理工大学，2015.

《中国旅游评论》征稿启事

《中国旅游评论》是中国旅游研究院主办的按季度连续出版物，由戴斌院长担任主编。注重理论和实践相结合，倡导根植实践的经验总结、问题探索和理论提炼，欢迎有思想、有温度、有品质的文章，在遵循学术规范的前提下无须八股。

1. 常设栏目

旅游大讲堂、旅游人茶座、旅游市场、旅游产业、旅游规划、旅游治理、国际旅游、旅游基础理论等。另根据需要设主题栏目。

2. 收录情况

《中国旅游评论》是中国人民大学书报资料中心重要转载来源，入选 CNKI 中国学术期刊网络出版总库。

3. 稿件审阅

所有来稿须经过论文相似度检测。编辑部对稿件实行双向匿名审稿制度，3 个月内完成审稿。拟录用文章将通过电子邮件回复作者。请勿一稿多投。

4. 著作权授权声明

凡经《中国旅游评论》刊录的论文，其数字化复制权、发行权、汇编权及信息网络传播权将转让予《中国旅游评论》编辑部。

5. 文责自负

本刊所发表的文章不代表编辑部观点，若发表的论文引起著作权纠纷，由作者自行负责，本刊不负任何连带责任。

6. 刊物邮寄

稿件刊出后，编辑部将于当月月底或次月月初以快递形式向作者邮寄样刊两本。

7. 版面费和稿费

本刊不收取版面费，也不向作者发放稿费。

8. 格式规范

（1）文章篇幅一般为 6000~12000 字（重要论文篇幅可放宽），“旅游人茶座”栏目文章篇幅为 2500~4000 字。

（2）稿件内容包括：文章标题、作者署名、单位信息（单位、省份城市邮编）、中文摘要（300 字左右）、关键词（3~5 个）、正文、参考文献、作者简介。“旅游人茶座”栏目文章可省略中文摘要和关键词。

（3）作者简介包括姓名、性别、籍贯、工作单位、职称、学位、研究方向、通信地址、邮政编码、联系电话、电子邮箱。

多个作者之间用分号隔开，同一作者的介绍之中不出现句号。如有通讯作者，请标明。

（4）文内标题按一、（一）、1、（1）分级编写序号。表、图应随文插入，且在文中注明如表 1（图 1）所示。表题居中位于表的上方，图题居中位于图的下方。如果图表中引用了其他文献的数据资料，应注明详细的资料来源。

（5）注释、引文和参考文献，应提供齐全的著录项：

著作类：作者（译者）姓名、书名、出版地、出版社名称、出版年份、页码（直接引文时标明）。

论文类：作者姓名、文章名、所载报刊名称、年份、期号、页码。

注释采用脚注方式，每页重新编号。脚注中如涉及公开发表的文献（包括电子文献）应作为参考文献在文后出现，不宜采取脚注方式。

参考文献格式参照中华人民共和国国家标准 GB/T 7714—2015《信息与文献文后参考文献著录规则》进行修改。参考文献标注方式允许采用角标方式或夹注方式，两种标注方法任选其一，不要混用。推荐使用角标方式。

——角标方式

正文引文处用上角标标注，按在文中出现顺序排列。

★角标一般应放在标点符号之前，如［1］；多个文献可以用简单标注，如：［15–18］。

★多次引用同一文献时采用原标注。如：戴斌指出：……［1］。……戴斌指出：……［1］。

★如果多次引用同一文献而引用页码不一致，角标采用同一个标注，在文末参考文献中按出现顺序列出页码，两次引用的页码之间用分号隔开。

★参考文献按照方括号［1］/［2］/［3］……在文末排列，按照出现顺序排序。

——夹注方式

正文引文处用括弧夹注，文尾参考文献按字母顺序排列。

★如果引用同一作者同一年份多个参考文献，用 a、b、c 等标注。

★正文夹注中涉及多个作者用逗号隔开。

★参考文献按照方括号［1］/［2］/［3］……在文末排列，按照文献作者姓氏拼音排序。

（6）文章（包括正文、图、表、注释）中出现的英文（包括名词、作者姓名、其他）请翻译成中文，采用中英文对照形式，英文放在括号当中。如果只是在括弧中出现，可以不翻译成中文。

在文后参考文献中，英文姓名的缩写不用加点，在正文、图、表、注释中出现的英文姓名的缩写要加点。

英文的期刊名、著作名用斜体。文章篇名不用斜体。

英文文献篇名统一为第一个字母大写，著作名和期刊的首字母也需大写。

9. 投稿方式

投稿邮箱：zglypl@126.com；联系电话：010–85166167；传真：010–85166055。

责任编辑： 刘志龙
责任印制： 闫立中
封面设计： 中文天地

图书在版编目（CIP）数据

中国旅游评论 . 2022. 第一辑 / 中国旅游研究院主编 . -- 北京 : 中国旅游出版社，2022.3
ISBN 978-7-5032-6941-7

Ⅰ . ①中… Ⅱ . ①中… Ⅲ . ①旅游业发展－中国－文集 Ⅳ . ① F592.3-53

中国版本图书馆 CIP 数据核字（2022）第 056862 号

书　　名： 中国旅游评论：2022第一辑

作　　者： 中国旅游研究院　主编
出版发行： 中国旅游出版社
（北京静安东里6号　邮编：100028）
http://www.cttp.net.cn　E-mail:cttp@mct.gov.cn
营销中心电话：010-57377108，010-57377109
读者服务部电话：010-57377151
排　　版： 北京旅教文化传播有限公司
经　　销： 全国各地新华书店
印　　刷： 北京盛华达印刷科技有限公司
版　　次： 2022年3月第1版　2022年3月第1次印刷
开　　本： 787毫米×1092毫米　1/16
印　　张： 10
字　　数： 210千
定　　价： 45.00元
I S B N 　978-7-5032-6941-7